Schreib dein Ding!

Aljoscha Long
Ronald Schweppe

Schreib dein Ding!

Authentisch • achtsam • kreativ
Der Weg zu deinem Buch –
der Weg zu dir selbst

TERZIUM

FSC
www.fsc.org
MIX
Papier aus verantwortungsvollen Quellen
FSC® C014496

Umschlaggestaltung, Satz und Innengestaltung:
Guter Punkt, München
Umschlagmotiv: Guter Punkt unter Verwendung von Motiven von
© K.Sorokin / shutterstock,
© Ingram Publishing / Getty Images Plus und
© Volodymyr Kryshtal / iStock / Getty Images Plus
Motive Innenseiten: © Getty Images Plus
Druck und Bindung: GGP Media GmbH, Pößneck
ISBN 978-3-906294-21-6

www.terzium.ch

Gender, Sternchen, Unterstriche, Mann, Frau, Mensch – Gebrauchsanleitung zum Lesen dieses Buches

Liebe Leserin, lieber Leser, liebe Leser*innen,

es fällt es uns etwas schwer, dem Ruf nach gendergerechter Sprache zu entsprechen. Nicht nur, weil die Verwirrung um die korrekte Formulierung groß ist, sondern vor allem, weil es uns in den letzten 30 Jahren unseres Schreibens nie in den Sinn gekommen wäre, Autorinnen und Künstlerinnen auszuschließen, wenn wir »Autoren« oder »Künstler« schreiben, weshalb wir ja auch nicht »Christen- und Christ*innentum« schreiben würden.

Nachdem wir in der Erstfassung dieses Manuskripts die inklusiven Schreibweisen ausprobiert haben und das Ergebnis uns eher an einen Sternenhimmel als an ein Buch erinnert hat, sind uns die vielen Sternchen auf die Nerven gegangen. Schön ist das alles nicht und es erschwert das Lesen. Anstatt es nun einfach »so wie früher« zu machen, haben wir bunt gemischt. Statt jedes Mal »Schriftstellerinnen und Schriftsteller« oder »Leserinnen und Leser« zu schreiben, schreiben wir mal so, mal so und mischen bunt durch. Bunt ist ja auch die Welt – doch ganz gleich, welche Hautfarbe, Religion, Geschlechtszugehörigkeit oder Hobbys du hast: Auf jeden Fall bist du ein Mensch. Wundere dich also nicht, wenn du mal »Leserinnen«, mal »Künstler«, mal »Bestsellerautorinnen« und hier und da auch sowohl die weibliche als auch männliche Form liest. Sparsam eingefügt sind dann auch die Sternchen ganz hübsch.

Aus spiritueller Sicht wäre es ohnehin hilfreich, wenn wir uns nicht so sehr mit unserer Hautfarbe, unserem Geschlecht, unserer Kleidung oder politischen Zugehörigkeit, sondern vor allem mit unserem Menschsein identifizieren würden. Letztlich käme das sicher allen zugute, egal, ob Mann oder Frau oder Divers ...

Inhalt

Der etwas andere Weg zum eigenen Buch

»Was? So viele Bücher habt ihr geschrieben? Wie schafft ihr das nur?«

Seit Jahren bekommen wir diese Frage ständig und überall zu hören. Viele staunen, manche runzeln ungläubig die Stirn und einige bewundern uns dafür, Autoren zu sein – gerade so, als wäre es eine außergewöhnliche Leistung, Wörter in den Laptop zu tippen – Wörter, aus denen Seiten und schließlich Bücher werden.

Aber weißt du was? Ein Buch zu schreiben ist überhaupt nicht kompliziert. Du musst dazu weder außergewöhnlich begabt, geschweige denn ein Genie sein. Und du musst dafür auch nicht Germanistik oder Literaturwissenschaften studieren.

If you can dream it, you can do it!

Dieses legendäre Motto aus dem Disney-Themenpark in Epcot, Florida, sollte auch dein Leitwort sein. Wenn du davon träumst, ein Buch zu schreiben, und davon gehen wir jetzt mal aus, dann ist der wichtigste Schritt schon getan. Sicher: Nicht alles, wovon wir träumen, können wir Wirklichkeit werden lassen. Wir können zum Beispiel nicht mit Schmetterlingsflügeln zum Mond fliegen oder Blumenkohl in Schokolade verwandeln. Aber wenn's ums Schreiben geht, gibt es tatsächlich nur eines, was der Erfüllung deines Traumes im Wege steht, und das ist dein eigener Kopf; oder besser gesagt die »Affen in deinem Kopf« – die vielen Zweifel, Ängste, behindernden Glaubenssätze und all die anderen hirnproduzierten Fallen, die wir uns selbst stellen. Die halten dich nicht nur davon ab, schöne Texte zu Papier zu bringen, sondern auch davon, Neues auszuprobieren, alte Grenzen zu sprengen, dumme Gewohnheiten zu ändern oder dein Leben wirklich einmal so zu leben, wie du es leben möchtest. Und wie wir noch sehen werden, hängen all diese Dinge eng miteinander zusammen.

Hörst du eine leise Stimme in deinem Herzen, die dir sagt, dass du ein Buch schreiben solltest? Spürst du tief in dir, dass du eine Geschichte zu erzählen hast? Oder gibt es eine Botschaft oder Erfahrung, die dir so wichtig ist, dass du sie gern festhalten und vielleicht sogar in die Welt schicken würdest? Wenn ja, warum tust du's dann nicht einfach? Schreib dein Ding! Genauso machen wir es nämlich auch gerade.

Möglicherweise hast du schon einige Schreibratgeber gelesen – daran mangelt es ja nicht gerade. Und vielleicht glaubst du jetzt, dass du eine Menge über Techniken, über Dramaturgie, Spannungsaufbau, Plotstrukturen oder Erzählperspektiven wissen musst, bevor du loslegen kannst. Die Wahrheit ist jedoch: Handwerk schadet zwar nicht, aber das kommt später und außerdem meist von selbst – einfach indem du dich hinsetzt und konsequent schreibst.

Und zum Glück ist das so, denn sonst gäbe es die meisten Werke der Weltliteratur gar nicht – die stammen nämlich aus einer Zeit, als es weder Schreibratgeber noch Autorentipps auf Youtube gab. Nichts gegen ein paar Tipps – die können sehr hilfreich sein; aber letztendlich brauchst du fürs Schreiben keine Gebrauchsanleitung, so wenig wie für dein Leben. Vielleicht aber eine kleine Ermutigung?

Authentizität, Achtsamkeit, Kreativität – Drei Schlüssel zu dir, drei Schlüssel zu deinem Buch

Du wirst in diesem Buch nichts über die Drei-Akte-Struktur, das Schneeflockenprinzip oder die Poetik des Aristoteles zu lesen bekommen – sorry. All diese Dinge sind zwar durchaus interessant, aber dazu gibt es schon viele gute Bücher. Wenn du magst, kannst du ja mal in die Literaturtipps am Ende des Buches hineinschauen. Und wenn nicht, dann lass es – du brauchst das nicht wirklich.

Falls du gerade zu schreiben beginnst oder schon damit begonnen hast und an deinen Texten weiterfeilen willst, ist etwas ganz anderes wichtig: Mach das Schreiben zu deinem Weg! Lerne beim Schreiben etwas über dich selbst und entdecke die Freude und Begeisterung, die darin liegen, dich selbst schreibend zum Ausdruck zu bringen. Denn nur so wirst du langfristig motiviert bleiben. Und nur so wirst du die Energie und Ausdauer entwickeln, viel

Zeit auf deinem Hintern zu verbringen – und das musst du, wenn du ein Buch schreiben willst.

Um Leben und Schreiben in Einklang zu bringen, gute Texte zu produzieren und damit erfolgreich zu sein, raten wir dir, dich auf drei Aspekte zu konzentrieren:

- *Schreibe authentisch – sei du selbst und stehe zu dir.*

- *Schreibe achtsam – lass das Schreiben zu einer Meditation werden.*

- *Schreibe kreativ – entdecke dein ganzes Potenzial, indem du den Mut zum Spinnen entwickelst.*

Wir werden auf den folgenden Seiten noch ausführlich auf die Punkte Authentizität, Achtsamkeit und Kreativität eingehen. Unsere langjährige Erfahrung auf dem Gebiet des Schreibens sagt uns nämlich, dass du deine Zeit sehr viel besser investierst, wenn du dich auf das Wesentliche, statt auf die Technik fokussierst. Nicht auf deinen Kopf, sondern auf dein Herz. Nicht auf die Tonleitern und Etüden, sondern auf die Musik, um die es doch eigentlich letztlich geht.

Was dich erwartet

Wie du inzwischen ahnst, ist unser Buch etwas anders aufgebaut, als die meisten Ratgeber zum Thema Schreiben. Natürlich wird es in den folgenden Kapiteln auch immer wieder um Technik gehen – beispielsweise darum, welches die häufigsten Fehler sind, die zu schlechten Texten führen. Oder um die wichtigsten Zutaten, die du für eine gute Story brauchst. Da wir die drei Schlüssel Authentizität, Achtsamkeit und Kreativität jedoch für ganz entscheidend halten, werden wir uns besonders eingehend damit beschäftigen. Darüber hinaus möchten wir dir gern auch all das mit auf den Weg geben, was uns in den letzten Jahren geholfen hat, vom Schreiben zu leben und bis heute Freude an diesem seltsamen Job zu haben.

Unter anderem werden wir dir zeigen,

- *wie du dich ins Leben und in deine Mitte schreiben kannst;*
- *wie du dich motivieren kannst, wie du in Bewegung kommen und bleiben wirst;*
- *was dich daran hindert, noch heute anzufangen, und wie du achtsam mit Selbstzweifeln und Schreibblockaden umgehen kannst;*
- *welche einfachen Schreibübungen dir dabei helfen, deine Schreibmuskeln aufzuwärmen;*

- *wie du authentisches, achtsames und kreatives Schreiben konkret in die Praxis umsetzen kannst;*
- *wie du das Schreiben als Weg nutzt, um mehr Freude in dein Leben und mehr Klarheit in deinen Kopf zu kriegen;*
- *was du in Bezug auf Verlage, Agenturen oder Selfpublishing beachten solltest, wenn es dein Ziel ist, deine Texte zu veröffentlichen.*

Über uns

Seit mehr als 30 Jahren schreiben wir hauptberuflich Bücher. Inzwischen sind über 50 unserer Ratgeber und Sachbücher zu psychologischen und spirituellen Themen und darüber hinaus einige Romane in namhaften deutschen Verlagen veröffentlicht worden. Unsere Bücher – einige davon sind Bestseller – wurden in über 16 Sprachen übersetzt. Zudem haben wir als Übersetzer, Herausgeber und Ghostwriter an vielen Buchprojekten mitgewirkt und auch den einen oder anderen Titel unter Pseudonymen geschrieben (die natürlich nicht verraten werden …).

In der langen gemeinsamen Zeit des Schreibens haben wir viel gelernt – zum Beispiel, wie wichtig es ist, in seinen Büchern authentisch zu bleiben, achtsam mit Worten und sich selbst umzugehen und seiner Kreativität freien Lauf zu lassen. Und auch, dass Schreiben zu einem Weg zu innerer Klarheit und einem sinnvolleren Leben werden kann, haben wir erst im Laufe der Zeit entdeckt.

Mit unserem Buch *Schreib dein Ding!* wollen wir nun einmal die Seiten wechseln und dir einen Blick hinter den Vorhang ermöglichen. Wir möchten unsere Erfahrungen mit dir teilen und sowohl den Schreibbegeisterten als auch den Zögerlichen einen Kompass an die Hand geben, der den Weg zum eigenen Buch weist. Ob du Schreiben nun als kreative Fingerübung oder als Mittel, dich selbst kennenzulernen siehst oder ob du die Absicht hast, dein Buch in die Läden zu bekommen, ist dabei erst einmal egal.

In den gut drei Jahrzehnten, die wir nun schon in die Tasten hacken, hatten wir mehr als genug Zeit, Fehler zu machen – und wahrscheinlich haben wir kaum einen ausgelassen: Anfangs haben wir auch mal über Themen geschrieben, für die wir nicht gebrannt haben. Das lag daran, dass wir zu viel auf andere gehört oder darauf geschaut haben, was der Markt will oder die Verlage brauchen. Oft haben wir uns zu wenig Zeit für das Schreiben genommen und noch viel öfter Zeit vertrödelt, da wir uns im Vorfeld zu wenig Gedanken zu einem Buch gemacht haben, was sich später immer gerächt hat.

Und dann kommt ja noch dazu, dass wir zu zweit schreiben. Natürlich tippen wir nicht gemeinsam auf der Tastatur herum: Wir entwerfen gemeinsam Ideen, teilen das Schreiben kapitel- oder buchweise auf und entscheiden, wer jeweils schreibt und wer überarbeitet. Wir haben also quasi den Kreativen und den Lektor »unter einem Dach« – mit jeweils wechselnden Rollen.

Rockbands, Startups und Ehepaare wissen, wie schwer es ist, viele Jahre gemeinsam ein Ziel zu verfolgen, und sehr oft kommt es dabei zum Bruch. Bei uns ist es umgekehrt: Anfangs haben wir oft um Ideen und Formulierungen gestritten, inzwischen sehen wir es gelassen und professionell – mit der Folge, dass unsere Freundschaft mit der Zeit immer enger und harmonischer geworden ist.

Auch wenn du dein Buch vermutlich allein schreiben wirst, kannst du doch aus unseren Anfangsfehlern lernen:

- *Schreib nur, wozu du wirklich Lust hast.*

- *Bleib gelassen und konzentriere dich auf die professionelle Seite, nämlich auf die Qualität deiner Texte.*

- *Verstricke dich nicht in deine Emotionen und überlege immer, was du sagen willst, bevor du anfängst.*

- *Und vor allem: Trenne unbedingt Kreativität und Kritik! Erst schreiben, dann kritisieren – nicht vorher und nicht währenddessen.*

Mit jedem neuen Buch sind wir dem näher gekommen, worum es uns wirklich geht – um Authentizität, Achtsamkeit und Kreativität. Natürlich braucht es auch ein wenig Ausdauer, aber wenn du wirklich motiviert bist, wirst du damit kein Problem haben. Ein Buch zu schreiben ist wie eine Bergwanderung. Der Wunsch, am Gipfel anzukommen – das fertige Buch in den Händen zu halten –, ist natürlich die Voraussetzung, denn wie gesagt: *Nur wenn du es träumen kannst, kannst du es auch tun*. Dann aber ist es das Schlaueste, viele kleine Schritte zu machen und lieber mal einen Umweg zu gehen, als stehenzubleiben oder sich zu verausgaben, bis man nicht mehr weiterkann. Auf diese Weise wirst du dein Ziel am Ende auch erreichen, und das ist allemal besser, als jahrelang vom großen Wurf zu träumen und nichts zu Papier zu bringen.

Wir wünschen uns, dass unser Buch dir helfen wird, *dein* Buch zu schreiben, *deine* Stimme zu finden und *deine* Stimme – sofern du das möchtest – in die Welt hinauszutragen. Und dabei kann es nicht schaden, sich Goethes schönes Zitat immer wieder einmal in Erinnerung zu rufen:

Es muss von Herzen kommen, was auf Herzen wirken soll.

Schreiben als Weg zu dir

Wir wissen ja nicht, was dich dazu bewogen hat, dich mit dem Thema Schreiben auseinanderzusetzen. Was wir aber schon wissen ist, warum die meisten Menschen, die schreiben wollen, schreiben wollen. Hier sind die häufigsten Gründe:

»Ich will berühmt werden.«

»Ich will einen Bestseller landen und einen Haufen Geld verdienen.«

»Ich möchte meinen langweiligen (oder stressigen) Job kündigen und endlich etwas Kreatives machen.«

»Ich möchte Schriftstellerin sein, weil das cool ist und die anderen mich dann bewundern werden.«

»Ich möchte meine Zeit mit Dingen verbringen, für die mein Herz schlägt und die es mir ermöglichen, mein Potenzial zu entfalten.«

Es ist nicht ausgeschlossen, dass du eines Tages berühmt sein, einen Bestseller schreiben und viel Geld verdienen wirst. Auch nicht, dass du irgendwann vom Schreiben leben und deinen Job an den Nagel hängen kannst. Aber das Entscheidende – das, worum es unserer Erfahrung nach bei dem Ganzen wirklich geht – wird nur im letzten der oben genannten Gründe deutlich: Wenn du schreibst, um zu tun, was dein Herz dir sagt, wenn du zum Stift oder in die Tasten greifst, weil du spürst, dass du dadurch innerlich wachsen und dich lebendiger und erfüllter fühlen wirst, dann wird Schreiben zu einem Weg, der dich zu dir selbst führt. Nur dann!

Der Bestseller, die Anerkennung in den Medien, das Geld ... all das sind mögliche und sicher auch angenehme Nebenwirkungen. Aber wenn du nur diese äußeren Ziele im Kopf hast, wird es dir leicht passieren, dass du Unwesentlichem hinterherjagst und das Wesentliche dabei ständig verpasst. Und dann kann Schreiben eine sehr frustrierende und stressige Angelegenheit werden. Erspar dir das – das Leben ist zu kurz für so was.

Zeit zum Schreiben: Zeit für dich

Wenn die Zeit kommt, in der man könnte, ist die vorüber, in der man kann. Marie von Ebner-Eschenbach

Zeit ist dein wertvollstes Gut. Wertvoller als ein Ferrari. Denn wenn du keine Zeit hast, damit durch die Gegend zu düsen (sofern dir so was überhaupt Spaß machen würde), nützt dir das Gefährt rein gar nichts.

Was wir mit unserer Zeit machen, entscheidet darüber, ob wir ein stressiges oder entspanntes Leben haben. Und letztlich sogar darüber, wie glücklich wir sind. Doch leider können wir nur sehr bedingt über unsere Zeit verfügen – wir müssen schließlich arbeiten gehen, Kinder erziehen, Einkäufe erledigen, Termine einhalten usw. Umso wichtiger ist es, dass wir regelmäßig bewusst Zeit für uns selbst einplanen.

Mal ehrlich: Wie viel Zeit nimmst du dir wirklich ganz allein für dich? Und was machst du dann mit deiner freien Zeit? Fernsehen? Im Internet surfen oder dein Social-Media-Image aufpolieren? Schlägst du die Zeit tot? Oder nutzt du sie, um Dinge zu tun, die dich wirklich langfristig erfüllen?

Das Beste, was du für dich tun kannst, ist, dich regelmäßig zurückzuziehen. Und Schreiben gibt dir einen guten Grund dafür. Von Natur aus ist Schreiben eine Sache, bei der man ganz auf sich selbst gestellt ist. Darum funktioniert Schreiben für viele auch am besten im stillen Kämmerlein. Aber auch wenn du lieber im Café schreibst, musst du dich da allein reinsetzen. Mit einer geschwätzigen Freundin an deiner Seite wirst du nämlich ganz bestimmt kein Wort aufs Papier bringen. Kurzum: Du musst dich dort wohlfühlen, wo du schreibst, aber abgelenkt darfst du dabei nicht sein.

Nutze das Schreiben, um dir Zeit für dich zu reservieren. Sag öfter mal: »*Tut mir leid – dafür hab' ich keine Zeit. Ich muss schreiben*«, wenn du deine Ruhe brauchst. Mach dein Leben durch Schreiben schöner. Entschleunige es, indem du Schreiben zu einem Ritual machst. Alles, was du dazu brauchst, bist du selbst (Authentizität), ein wacher Kopf (Achtsamkeit) und eine ordentliche Portion Verrücktheit (Kreativität).

Schreib dich glücklich

Wer ein Buch schreibt, will damit erfolgreich sein. Das ist bei uns nicht anders und bei dir sicher auch nicht. Die entscheidende Frage dabei ist nur: Was ist Erfolg überhaupt? Einen tollen Verlag zu finden? Hohe Verkaufszahlen zu erreichen? Kritikerlob für seine gelungenen Texte zu bekommen?

Bestimmt kann das alles eine Rolle spielen. Aber wenn du uns fragst, woran du erkennst, ob du *wirklich* erfolgreich bist, ist die Antwort sehr einfach: Wenn du spürst, dass das Schreiben dich glücklich macht. Basta.

Schreiben sollte Spaß machen. Du solltest Freude empfinden, wenn du dich an deinen Computer setzt – vielleicht nicht immer, aber doch meistens. Schreiben kann harte Arbeit sein, zugegeben. Und sicher wird es Phasen geben, wo dir das schmerzlich bewusst wird. Aber es sollten eben nur Phasen sein – ein paar Windböen auf ansonsten ruhiger See. Mit verkrampftem Kiefer und Kopfwehtabletten kannst du vielleicht mal ein, zwei Seiten schreiben, aber bestimmt kein ganzes Buch. Wenn Schreiben dich stresst, bist du in der falschen Richtung unterwegs. Dann mach schnell kehrt.

Zerbrich dir nicht den Kopf, ob du alles »richtig« machst. Denk nicht darüber nach, was literarisch wertvoll und was banal ist, und schiele auch nicht auf die Erfolge anderer. Lass deine Erwartungen los und schreib einfach.

Schreibe, weil es schön ist, weil es Freude macht, weil es dich begeistert und dir Sinn schenkt. Und wenn dir das schwerfällt, dann mach's dir noch einfacher: Fang einfach an und erlaube dir, jeden erdenklichen Quatsch zu Papier zu bringen – schamlos und ungehemmt. *Bemühe dich, dich nicht zu bemühen.*

Schreiben ist ein Geschenk, das du dir selber machst. Niemand hat dich gezwungen. Du allein hast dir das eingebrockt. Warum also nicht mit einem Lächeln, statt mit Sorgenfalten auf der Stirn schreiben?

Entdecke dein Potenzial von Zeile zu Zeile

Mit angezogener Handbremse zu leben ist frustrierend. Man kommt nicht wirklich vom Fleck. Und doch ist das für die meisten von uns der Normalzustand. Wir bleiben in unserer Komfortzone. Wir gehen auf Nummer sicher. Wir bleiben in unserem Trott. Da kann nicht viel passieren – und das ist gut so. Aber leider ist es auch schlecht, denn wenn sich nichts tut, tut sich auch nichts Schönes. Wenn wir nichts Neues ausprobieren, nicht ab und zu unsere Bequemlichkeit überwinden und Herausforderungen ständig aus dem Weg gehen, ziehen wir die Handbremse immer fester an. Und das geht auf Kosten unserer Lebendigkeit und Begeisterung.

Es gibt viele Leute, die weit hinter ihren Möglichkeiten zurückbleiben; und kaum jemanden, der wirklich sein ganzes Potenzial entfaltet. Das mag tröstlich sein, aber eines solltest du dir andererseits bewusst machen: Was in dir schlummert, wird auf ewig weiterschlummern, solange du keinen Weg findest, es aufzuwecken. Und das wäre wirklich schade, denn so wirst du deine verborgenen Energien nie freisetzen und deine Persönlichkeit niemals weiterentwickeln können. Schreiben bietet dir eine wunderbare Möglichkeit, von der Bremse zu gehen und in Fahrt zu kommen.

Durch kreatives Schaffen entwickelst du dich weiter. Der Startpunkt ist dabei immer nur ein Anfang und verrät noch nicht allzu viel darüber, wohin deine Entwicklung gehen wird – mach dir also nicht zu viele Gedanken. Mozarts erste Sonaten reichen nicht annähernd an das Genie heran, das in seinem Spätwerk hörbar wird. Und nicht umsonst steigt so manchen Autoren die Schamesröte ins Gesicht, wenn sie nach Jahren ihren ersten Roman noch einmal lesen. Wer wird schon gern mit seinen Anfängerfehlern konfrontiert ...

Wer komponiert, malt oder schreibt, entwickelt sich ständig weiter – und genau darin liegt ja auch der Reiz. Schreibe, was das Zeug hält, und du wirst innerlich immer weiterwachsen. Dein Bewusstsein wird sich erweitern, und natürlich wird auch deine Technik immer besser werden, denn Schreiben ist vor allem eines: Learning by doing.

Reise zum Wesentlichen

Schreiben ist an sich eine recht banale Sache. Um unseren Alltag geregelt zu kriegen, müssen wir ja zum Beispiel ständig Einkaufszettel oder E-Mails schreiben. Aber ein Buch zu schreiben ist etwas vollkommen anderes. Hierbei geht es nicht mehr um Alltägliches. Im Idealfall ist Schreiben ein Weg, der dich zum Wesentlichen für dein Leben führt – ein Weg, der es dir ermöglicht, deinen Geist auf das zu fokussieren, was wirklich zählt.

Schreiben heißt, mit Wörtern spielen, mit ihnen jonglieren und in die Welt der Worte eintauchen. Worte erzeugen Bilder, und Bilder wecken Gefühle. Darum ist Schreiben auch eine Brücke, die dich zu deinen Gefühlen führt und dich mit deinem Herzen verbindet.

Apropos Herz: Es sind immer deine Herzensziele, die deine Lust, Romane, Gedichte, Novellen oder auch Tagebuch zu schreiben, wecken. Herzensziele entstehen aus deinem Innersten heraus. Sie bringen deine Sehnsucht zum Ausdruck, dich selbst zu finden und dich selbst zu leben. Wenn es dein Herzensziel ist, etwas Inneres auszudrücken, mit Wörtern neue Welten zu erschaffen oder Träume in Bücher zu verzaubern, solltest du das nicht als Hirngespinst abtun, sondern es ganz im Gegenteil sehr ernst nehmen. Deine Herzensziele helfen dir nämlich, zu werden, wer du wirklich bist.

Du erkennst ein Herzensziel daran, dass es mit deinen Werten in Einklang ist. Was andere denken, spielt dabei keine Rolle. Herzensziele verändern dich und dein Leben – und dabei ist der Weg immer wichtiger als das Ziel; oder besser gesagt, er ist der wichtigste Teil des Ziels. Sobald du deinen Herzenszielen wirklich folgst, wirst du nicht länger auf äußere Erfolge oder das Erreichen eines Zielpunkts schielen. Denn auf der Entdeckungsreise, die dich zu dir selbst führt, zählt jeder kleine Schritt, jeder kleine Buchstabe gleich viel.

Sich wieder ins Leben schreiben

Schreiben ist ein Breitbandtherapeutikum – ein nahezu universell einsetzbares Heilmittel. Du kannst dich an deine Tastatur setzen, um dich selbst zu verwirklichen, um deine Kreativität wachzukitzeln oder um Geld zu verdienen (was ja manchmal auch ganz heilsam sein kann ...). Aber du kannst noch etwas ganz anderes machen: Du kannst dich wieder ins Leben schreiben, wenn du einmal den Boden unter deinen Füßen nicht mehr spürst.

Viele der schönsten und inspirierendsten Bücher wurden von Menschen geschrieben, die in einer Krise waren. Lebenskrisen wie Verluste, Isolation oder schwere Krankheiten haben schon manch einen dazu veranlasst, zur Feder zu greifen. Vielleicht hast du auch selbst schon erlebt, dass du Trost darin gefunden hast, Tagebuch zu schreiben, als es dir wirklich schlecht ging. Auch viele Blogs entstehen einzig aus dem Grund, sich Belastungen von der Seele zu schreiben.

Durch Schreiben kannst du Ängsten, Verzweiflung oder Depressionen entgegenwirken. Schreibtherapie wird genutzt, um seelische Probleme aufzuarbeiten und sogar körperliche Beschwerden zu lindern. Aber auch jenseits professioneller Therapie wirkt Schreiben heilsam, denn durch Schreiben drückst du deine Gefühle aus. Was dich belastet und beschäftigt, wandert aufs Papier. Und während du dabei zusiehst, wie deine Unsicherheit, deine Wut, deine Sorgen oder deine Verzweiflung in die Worte fließen, gewinnst du befreienden Abstand. Dir wird leichter ums Herz – allein dadurch, dass du das Belastende ausgedrückt hast.

Gleichzeitig passiert aber noch etwas anderes: Solange du schreibst, richtet sich deine Aufmerksamkeit auf dein Tun – auf die Wörter, Sätze, Absätze, auf die Rechtschreibung und deinen Stil. Und solange du darauf fokussiert bist, kannst du dich nicht gleichzeitig in deine Emotionen verstricken und grübeln. Letztlich hängt alles von deinem Fokus ab.

Natürlich brauchen wir keine handfeste Krise, um einen Roman zu beginnen – das wäre ja schrecklich. In den meisten Fällen beginnen wir einfach mit dem Schreiben, weil uns etwas beschäftigt, weil uns eine Idee im Kopf herumspukt oder einfach, weil wir Lust dazu haben, unserer Lust zu folgen …

Wenn du damit anfängst, Bücher zu schreiben, wirst du eine Menge über dich erfahren und dabei manches Mal ins Staunen kommen. Schreiben ist nämlich, sogar wenn du das gar nicht beabsichtigst, immer auch eine Reise zu dir höchstpersönlich – ein Weg, um dich selbst zu entdecken und dich zu verwirklichen. Das gilt umso mehr, je bewusster du dich auf die drei Schüssel Authentizität, Achtsamkeit und Kreativität konzentrierst – auf die innere Quelle des Schreibens, statt auf die äußere Technik.

Schreiben hilft dir, dich im Laufe der Zeit immer besser zu verstehen. Du entdeckst, was dich motiviert, dich auf genau das Thema zu konzentrieren, das du dir ausgesucht hast. Du kommst deinen Werten auf die Schliche, oder einfacher ausgedrückt: Du erkennst, was dir wirklich wichtig ist. Und wenn du achtsam bist, erfährst du darüber hinaus auch gleich noch so einiges über die Widerstände, die dir im Weg stehen – vielleicht nicht nur beim Schreiben, sondern auch beim Leben.

Je mehr Zeit du mit dem Schreiben verbringst, desto mehr Zeit verbringst du mit dir, deinen Gedanken und deinen Träumen. Nicht umsonst ist Schreiben für viele so spannend und faszinierend. Erst recht gilt das, wenn du es schaffst, dich mit Freude an den Schreibtisch zu setzen. Dann wird es nicht mehr lange dauern, bis dir die Arbeit an deinem Buch zu einer lieben Gewohnheit wird, auf die du nicht mehr verzichten willst.

Das glaubst du nicht? Dann lass es einfach drauf ankommen.

Authentisch schreiben

Dein Ding kannst du nur schreiben, wenn du auch du bist, denn wenn du das nicht bist, wird es nie und nimmer *DEIN Ding*. Eigentlich klar, oder? Und daraus folgt: Finde raus, wer du wirklich bist, und dann vertrau dir selbst.

Wahrscheinlich kennst du das Zitat von Oscar Wilde: *»Sei du selbst, denn alle anderen gibt es schon.«* Es lässt sich zu hundert Prozent auf das Schreiben übertragen: So zu schreiben wie andere Autoren, ist also keine gute Idee.

Authentische Menschen leben ihr eigenes Leben und denken nicht ständig darüber nach, was andere wohl von ihnen erwarten. Manchmal braucht es aber recht viel Mut, zu sich zu stehen, seinen eigenen Weg zu gehen und lieber unangepasst als brav zu sein. Doch gerade wenn du schreiben willst, musst du diesen Mut aufbringen, denn nur dann

- *musst du dich nicht mehr verstellen, was sehr entspannend ist und eine Menge Energie freisetzt,*
- *wirst du selbstbewusster und dadurch beliebter – zum Beispiel bei deinen Lesern,*
- *kannst du leichter und schneller Entscheidungen treffen, was bei der Arbeit an eigenen Texten Gold wert ist,*

- *wirst du bessere Bücher schreiben, da du die Dinge klarer siehst als wenn du ständig nach links und rechts schielst.*

Je näher du dir selbst bist, desto authentischer werden darüber hinaus auch die Figuren in deinem Roman sein. Und das ist wichtig, denn Leser können nur dann tief in deine Geschichte einsteigen, wenn deine Charaktere sich authentisch entwickeln. Sie werden nur dann »mitgehen«, wenn sie sich mit den Personen in deiner Erzählung identifizieren können – wenn deine Figuren Stärken und Schwächen haben und »echte Menschen« sind. Und das gelingt dir nur, wenn du selbst »echt« bist.

Authentisch schreiben? Was heißt das überhaupt?

Authentisch zu sein bedeutet, so zu sein, wie du wirklich bist. Und authentisch zu schreiben bedeutet, so zu schreiben, wie es *dir* wirklich entspricht. Unverstellt und ungekünstelt. Das klingt vielleicht erst mal einfach. Schließlich ist jeder Mensch doch ein Original. Das Problem ist nur, dass die meisten von uns sich ihrer Originalität nicht bewusst sind und deshalb glauben, dass sie langweilig und »normal« wären und nichts zu sagen hätten.

Hast du dieses Gefühl auch manchmal? Keine Sorge – es gibt eine einfache Lösung: Mach dich auf den Weg zu dir selbst. Vertraue deinen eigenen Gedanken, Gefühlen und Bedürfnissen. Nimm deinen eigenen Geschmack ernst, statt irgendeinem Trend hinterherzuhecheln.

Das Schöne am Schreiben ist, dass es dir dabei hilft, dich selbst zu entdecken. Je mehr du schreibst, desto mehr näherst du dich deiner eigenen Autorenstimme, und je authentischer du dadurch wirst, desto besser werden umgekehrt auch wiederum deine Texte: ein wahrer »Engelskreis« ...

Die folgenden Punkte helfen dir, durch Schreiben zu dir selbst zu finden:

Lies bloß nicht zu viele Schreibratgeber und vor allem – glaub nicht alles, was da drinsteht. Überlege, prüfe und spüre selbst, ob das, was du da liest, wertvoll für dich sein könnte oder nicht. Und das gilt natürlich auch für alles, was du in diesem Buch hier liest.

Sei dir selbst gegenüber radikal ehrlich. Wann immer du an einem deiner Texte sitzt, solltest du dir eine einfache Frage stellen: »Ist das, was ich hier schreibe, wirklich *meins*?«

Lege nicht zu großen Wert auf Technik, sondern schöpfe aus deiner eigenen Erfahrung.

Schiele nicht darauf, was derzeit »in« ist und leg dich nicht auf ein Genre fest, nur weil die Verkaufschancen besonders vielversprechend sind. Schreibe nicht, was dein Partner, deine Schreibgruppe oder deine Tante toll fänden, sondern schreib dein eigenes Ding.

Hör öfter auf dein Bauchgefühl, und vergeude deine Zeit nicht damit, zu analysieren und dich ständig zu hinterfragen.

Letztlich besteht die Kunst beim authentischen Schreiben darin, all das wegzulassen, was nicht du bist. Benutze die Worte, die du auch sonst benutzt. Verrenke dich nicht, und verheddere dich nicht in einer gestelzten Ausdrucksweise. Schreib einfach drauflos. Und im Zweifelsfall gilt dabei: Weniger ist mehr – einfacher ist besser.

Die Suche nach dem Original – Zwischen Imitation und Inspiration

Sei eine erstklassige Ausgabe deiner selbst – keine zweitklassige von jemand anderem. Judy Garland

Das Gegenteil des Originals ist die Kopie. Und wenn du eine idiotensichere Methode suchst, um *nicht* du selbst zu sein: Kopiere andere! Mache nach, was sie machen. Willst du lieber deinen eigenen Weg gehen, heißt das umgekehrt: Versuche nicht, wie jemand anderes zu schreiben – nicht einmal wie deine Lieblingsautor*innen.

So weit, so gut. Nur gibt es da einen kleinen Haken: Ganz ohne Vorbilder geht es nämlich auch wieder nicht. Wir Menschen sind Spezialisten im Nachahmen, und wir lernen vor allem aus den Fähigkeiten und Fehlern anderer. Für alles Neue, das erschaffen wird, braucht es etwas Altes, aus dem es sich entwickeln kann. Mit anderen Worten: Du musst das Rad nicht neu erfinden.

Als Schreibende stehen wir am Ende einer jahrtausendealten Tradition. Vom Höhlenmenschen, der seine

Abenteuer am Lagerfeuer zum Besten gab, über die griechischen Sagen, die Brüder Grimm bis hin zu Hemingway, Stephen King und Joanne K. Rowling gab und gibt es unzählige Menschen, die Geschichten erzählt haben. Und natürlich bedient sich jeder, der heute eine Geschichte erzählt und ein Buch schreibt, letztlich aus dem reichen Schatz all jener, die uns den Weg in die Welt der Fantasie geebnet haben.

Doch Vorsicht: Am Ende zählt, dass du aus all den vielen Zutaten, die dir zur Verfügung stehen, dein eigenes leckeres Rezept kochst und keine Dosenkost produzierst.

Abschreiben macht keinen Spaß. Andere zu imitieren wird dich nur frustrieren. Etwas ganz anderes ist es jedoch, sich *inspirieren* zu lassen. Inspiration gehört für jeden Künstler zum täglichen Brot. Darum lesen viele Autoren auch wie besessen. »Viel lesen« – das ist überhaupt einer der besten Tipps für alle, die selbst schreiben wollen.

Jede Geschichte, die dich innerlich berührt, wird dich inspirieren. Jedes Buch, das du dir geistig »einverleibst«, wird zu einem Teil von dir. Lass also ruhig die Sprache, die Wortwahl, die Plots, die Erzählperspektive oder den Sprachrhythmus deiner Lieblingsautoren auf dich wirken. Freu dich an ihren Texten und finde heraus, was dir daran besonders gut gefällt. Aber wenn du selbst schreibst, dann vergiss das alles ganz schnell wieder. Entdecke deinen eigenen Stil und deine eigene Originalität. Dann kannst du sogar über eine bereits hundertmal erzählte Liebe oder einen bereits tausendmal erzählten Mord schreiben – solange du das auf deine ganz eigene Weise tust, wird es ein tolles Buch.

Finde deine Stimme

Du bist einzigartig – und das solltest du nie vergessen. Deine Individualität ist die wichtigste Zutat, um erfolgreiche Bücher zu schreiben. Einzigartigkeit und Wiedererkennungswert zeichnen alle berühmten Autoren aus. Aber keine Sorge – das heißt nun nicht, dass du ein Genie oder außergewöhnlich anders als alle anderen sein musst.

Du musst nicht bei null anfangen. Du solltest bewährte Erfolgsrezepte ruhig nutzen. Das Geheimnis der Kreativität besteht ja auch darin, bereits Vorhandenes zu übernehmen und es auf eine neue Weise umzugestalten. Und zwar auf *deine* Weise!

Die Grundstruktur von Geschichten, Handlungen, Settings oder Charakteren kannst du dir für deine Zwecke abgucken. Gut geklaut ist bekanntlich halb gewonnen ... Was du jedoch auf keinen Fall »klauen« solltest, ist die Erzählstimme anderer Autoren. Abschreiben gilt nicht. Ein großer Reiz beim Schreiben liegt gerade darin, seine eigene Stimme zu entdecken. Und solange du andere nur nachahmst, wird das nie klappen.

Aber wie kann man überhaupt zu seiner Erzählstimme finden? Im Grunde ungefähr so, wie man Sprechen lernt. Als Kind hast du gelernt, Laute zu Worten zu formen. Und bestimmt kannst du dich nicht mehr daran erinnern, dass das ganz schön lange gedauert hat, und dass dabei einiges schiefgegangen ist. Sprechen zu lernen braucht eben Zeit. Das macht aber nichts, da der Lernprozess für kleine Kinder ein Riesenspaß ist: »Mamma, Auto, Muhkuh«.

Seine eigene Stimme beim Schreiben zu finden, braucht ebenfalls etwas Zeit – und das ist schon das erste Geheimnis: Je mehr und je regelmäßiger du schreibst, desto klarer wird deine eigene Erzählstimme in den Texten hörbar – und zwar ganz von selbst. Hab also etwas Geduld mit dir.

Das zweite Geheimnis lautet, dass du einfach Spaß bei der Sache haben solltest. Wenn du also ein paar Seiten liest, die du geschrieben hast und dir dabei die Haare zu Berge stehen, dann denk dir einfach »okay – das war's wohl noch nicht so ganz«. Atme tief durch, lächle, und dann schreib es um oder schreib es neu. Es ist noch kein Autor vom Himmel gefallen – schon gar kein Bestsellerautor.

Mit der Zeit findest du deine Stimme auf ganz natürliche Weise. Steh einfach zu dem, was du liebst und hör auf, so zu schreiben, wie es anderen gefallen könnte. Schreibe aus deiner Sicht und deiner Erfahrung – niemand sieht die Welt so wie du. Natürlich wird es immer Leute geben, die deine Texte doof finden – aber keine Sorge: Es werden noch genug übrig bleiben, die dich verstehen.

Indem du deinem wahren Ich folgst, findest du deine Erzählstimme. Und indem du deiner eigenen Erzählstimme lauschst, findest du umgekehrt dein wahres Ich. Und dann fängt die Sache an, wirklich Spaß zu machen. Sobald es dir nämlich gelingt, die Schreibpersönlichkeit zu entdecken, die du wirklich bist, wirst du nur noch Dinge schreiben, die dir wirklich wichtig sind.

Praxisübung: Variationen über Hänsel und Gretel

Wenn du ein wenig mit dem Thema »Erzählstimme« experimentieren willst, kannst du Folgendes ausprobieren:

- *Wähle eine Szene aus Hänsel und Gretel – zum Beispiel, wie die beiden das Lebkuchenhäuschen im Wald entdecken und die Hexe rauskommt.*

- *Schreib die entsprechende Stelle vom Original der Brüder Grimm ab – Wort für Wort.*

- *Formuliere das Ganze nun so um, dass es möglich gestelzt und unnatürlich klingt.* (»Den Geschwistern kam im Angesicht des unweit gelegenen Forstgebäudes zu Bewusstsein, dass die Außenwände und das Dach desselbigen mit Süßwaren aller Art verziert und mit Zuckerguss als natürlichem Bindemittel aufs Ansehnlichste gegen Frostschäden imprägniert waren ...« *irgend so ein Quatsch mit möglichst langen Sätzen und Fachbegriffen.)*

- *Mach jetzt das Gegenteil. Schreib die Szene in Telegrammstil – möglichst kurze und unvollständige Sätze.* (»Hänsel und Gretel müde. Dunkler Wald. Lebkuchenhaus unter Tannen. Alte Frau mit Hexennase schaut raus. Tür öffnet sich ...«*)*

- *Spaßig ist auch eine Mundart-Variante. Hänsel und Gretel auf bayerisch* (die Gschwister han amoi im Woid umanand ...). *Oder hessisch ...*

- *Und zum Abschluss: Schreib die Szene in deinen Worten nach – in einfachen, klaren Worten. Lies den Text noch einmal durch. Gefallen dir die Formulierungen? Gefällt dir der Rhythmus? Wenn nicht, dann probiere es einfach noch einmal ... so lange, bis es »klick« macht.*

Für deine Erzählstimme gilt das gleiche wie für deine richtige. Sie ist nicht jeden Tag gleich, sie hängt auch von deiner Stimmung ab und sie ist in ständigem Wandel. Aber: Sobald du ein warmes Gefühl im Bauch hast oder lächeln musst, wenn du deinen Text liest, weißt du, dass du auf dem richtigen Weg bist.

Was ist überhaupt mein Ding?

Alle, die längst wissen, was sie schreiben wollen, weil sie spüren, dass sie es einfach schreiben müssen, können dieses Kapitel getrost überspringen. Unserer Erfahrung nach sind das aber eher wenige Menschen. Die meisten, die anfangen zu schreiben oder schon länger schreiben, sind noch oder immer wieder aufs Neue auf der Suche danach, was eigentlich wirklich ihr Ding ist. Die folgende Reflexion hilft dir dabei, das herauszufinden:

Praxisübung: Authentischer durch Selbsterkenntnis

TEIL A

Lies dir die folgenden Fragen durch, und beantworte sie spontan, ohne zu lange nachzudenken. Du kannst dir dabei einige Notizen zu deinen Antworten machen.

- *Welche Themen beschäftigen dich in deinem Leben immer wieder? Bewegen dich beispielsweise Themen, die mit Beziehungen, Familie, Politik, Krankheit und Verlust, Vergangenheit oder Zukunft, mit Umweltproblemen oder Kindererziehung zu tun haben? Schreibe eine TOP-3-Liste: Die 3 Themen, die mich am meisten beschäftigen, sind …*

- *Was willst du erzählen? Was möchtest du nicht ungesagt sein lassen? Worüber würdest du gern schreiben?*

- *Gibt es bestimmte Stimmungen, Situationen, Menschen oder Plätze, an die du dich gern erinnerst oder die dich im Innersten ansprechen?*

- *Was liest du gern? Welches sind deine Lieblingsbücher? Was dir besonders gut gefällt, gibt dir eine ziemlich klare Auskunft darüber, in welche Richtung du dich beim Schreiben bewegen solltest.*

TEIL B

Um authentischer schreiben zu können, ist es wichtig, dass du zu deinem Typ stehst. Alle Autoren haben ihre ihnen eigene Schreibpersönlichkeit und entsprechend unterschiedliche Gewohnheiten. Die folgenden Fragen helfen dir, dir bewusst zu machen, wie du tickst und das dann auch beim Schreiben zu berücksichtigen:

- *Brauchst du einen strukturierten Tagesablauf oder lässt du dich lieber treiben?*

- *Liegt es dir eher, regelmäßig – also beispielsweise jeden Tag – ein bisschen zu schreiben, oder bist du mehr der Typ, der wie besessen in wenigen Wochen ein ganzes Buch runterschreibt?*

- *Würdest du dich beim Schreiben eher als spielerisch oder als ernst einordnen?*

- *Möchtest du lieber nur gelegentlich schreiben und siehst das Ganze als kreatives Hobby – oder ist Schreiben dir so wichtig, dass du dafür so ziemlich alles andere opfern würdest? Vielleicht liegst du auch zwischen diesen Extremen?*

- *Macht es dir Spaß zu fantasieren und dir verrückte Geschichten auszudenken? Oder geht es dir vor allem darum, Gefühle durch Worte zum Ausdruck zu bringen? Willst du durch deine Texte die Welt zu einem etwas besseren Ort machen? Oder siehst du das Schreiben als eine Möglichkeit, dir öfter Auszeiten zu gönnen und dich zu entspannen?*

- *Brauchst du klare Strukturen, an denen du dich orientieren kannst? Machst du dir gern Notizen zu Charakteren, dem Ablauf der Szenen, der Location und dem Plot – brauchst du also ein klares Gerüst, so wie Elizabeth George es empfiehlt? Oder schreibst du von einer Idee ausgehend drauflos und schaust mal, wohin deine Geschichte dich treibt, so wie Stephen King es oft macht?*

Von Werten zu Worten

Unser Leben wird sehr viel klarer und leichter, wenn wir uns unserer Werte bewusst sind. Werte sind der Treibstoff für jede Motivation. Was immer du tust, wofür auch immer du dich entscheidest, wonach auch immer du dich sehnst – all das hängst von deinen Werten ab. Viele wissen gar nicht, dass sie überhaupt so etwas wie Werte haben. Und noch weniger Menschen ahnen, dass sie ihre Werte bewusst dazu nutzen können, um ihre Herzensziele zu erreichen oder sogar eine Mission für ihr Leben zu entwickeln.

Du kannst nur dann authentisch schreiben, wenn du weißt, wer du wirklich bist. Und diese Frage kannst du wiederum nur dann beantworten, wenn du auch deine Werte kennst. Immer wenn du an deinen Texten arbeitest, solltest du checken, ob du mit deinen Werten in Einklang stehst. Was dir nicht wertvoll erscheint, davon lass lieber gleich die Finger.

Dein Thema, das Genre, für das du brennst, ja sogar dein Schreibstil hängen von deinen Werten ab. Deine Werte drücken sich in deinen Worten aus. Schreibst du eher humorvoll oder poetisch, einfach und klar, philosophisch oder locker-flockig? Deine Art zu schreiben, sagt viel über deine Werte aus. Vielleicht sind Schönheit und Poesie dir besonders wichtig, und dann interessierst du dich wahrscheinlich eher für Gedichte. Oder du arbeitest an einer heiteren, komischen Erzählung, weil Freude und Spaß wichtige Werte für dich sind. Wem Verbundenheit und Treue wichtig sind, der wird andere Romane lesen und schreiben als Menschen, für die Abenteuer, Rausch oder Spannung zu den wichtigsten Werten zählen.

Vielleicht möchtest du jetzt erst mal wissen, was »Werte« eigentlich konkret sind ... Hier ist eine Definition: »*Werte sind erstrebenswerte, in sich selbst wertvolle, als gut betrachtete Eigenschaften oder Qualitäten. Jeder von uns hat individuelle Wertvorstellungen, die aus seinem Inneren kommen und sich in seiner Persönlichkeit spiegeln.*«

Hilft dir das weiter? Bist du dir deiner Werte bewusst? Wenn nicht, gibt es eine einfache Möglichkeit, sie zu erkennen: Es gibt nämlich zwei Grundsituationen, in denen dir deine Werte sehr deutlich werden:

Wenn einer deiner Werte verletzt wird, wirst du sehr betroffen sein und mit Traurigkeit oder Wut reagieren.

Wenn einer deiner Werte verwirklicht wird, wirst du mit Freude und Begeisterung reagieren; dir wird das Herz aufgehen.

In irgendeiner Weise werden sich deine Werte immer auch in den Texten widerspiegeln, die du schreibst. Um authentisch schreiben zu können, solltest du deine Werte aber bewusst hinterfragen. Denn nur so erkennst du rechtzeitig, ob es nach wie vor du bist, die/der da schreibt.

Einige Werte, die fürs Schreiben – zum Beispiel die Wahl des richtigen Genres oder des passenden Stils – wichtig sind, findest du in der folgenden Tabelle.

Schau dir die Tabelle in Ruhe an und schreibe die sechs Werte auf, die dir besonders wichtig erscheinen und dich am meisten ansprechen. Zusätzlich kannst du (am besten schriftlich) ein paar Fragen beantworten:

Abenteuer	Begeisterung	Ehrlichkeit	Familie
Erkenntnis	Freiheit	Freude	Freundschaft
Frieden	Gerechtigkeit	Glück	Humor
Individualität	Liebe	Macht	Mut
Offenheit	Spiritualität	Verbundenheit	Natur
Spannung	Weisheit	Offenheit	Mitgefühl

- *Welche Bücher haben dich besonders tief berührt?*
- *Wenn du nur drei mit auf eine einsame Insel nehmen könntest – welche drei Bücher wären das?*
- *Worin liegt die Faszination? Kannst du vielleicht sogar bestimmte Werte herausfinden, die deine Lieblingsbücher gemeinsam haben?*

- *Wenn du einen Zauberstab hättest, welche Dinge würdest du an deiner Persönlichkeit verändern? Was an deinen Beziehungen? Was wären die drei wichtigsten Qualitäten (also nicht etwa materielle Dinge!), die du dir für dein Leben wünschst?*

Schau jetzt noch einmal auf deine sechs Begriffe, und unterstreiche davon die drei wichtigsten. Schreibe sie auf ein Post-it und klebe sie an den Rand deines Computers oder in die Nähe deines Schreibplatzes.

»Ich bin Krimiautorin« – »Ich bin Sachbuchautor«

Der einzige Weg zur Authentizität führt über eine starke Identität. Was heißt das? Viele potenzielle Autoren bleiben auf der ersten Stufe stehen: Sie wünschen sich zwar, ein Buch zu schreiben und träumen oft jahrelang davon, kommen aber nie so richtig in die Gänge. Kommt dir das bekannt vor? Wenn ja, wird es Zeit, neue Gewohnheiten anzunehmen. Wer das tut, wird die zweite Stufe erklimmen, indem er es sich zur Gewohnheit macht, einfach regelmäßig zu schreiben – am besten sogar täglich. Durch das, was du regelmäßig tust, veränderst du deine Identität. Allerdings gibt es einen noch effektiveren Weg: Ändere nicht nur deine Gewohnheit, sondern gleich das Bild, das du von dir selbst hast. Gehe direkt ans Eingemachte, an den Kern der Sache:

Entscheide dich, wer du sein willst, und erschaffe dich neu! Und dann formuliere das auch ganz klar für dich. Mach es zu deinem inneren Mantra – wiederhole es innerlich wieder und wieder. Und wenn andere Menschen, nicht nur deine Freunde und Bekannten, sondern auch fremde Leute, dich fragen, wer du bist und was du machst, dann antworte mit genau diesem Satz. Natürlich musst du diesen Satz erst einmal für dich selbst entdecken, denn es bist ja du, um die/den es geht. Hier sind einige Beispiele, wie er lauten könnte:

- *Ich bin Krimiautorin.*
- *Ich bin Sachbuchautor.*
- *Ich bin Romanautorin – ich schreibe Liebesromane (historische Romane / Entwicklungsromane / Familienromane …)*
- *Ich bin Fantasyautor.*
- *Ich bin Dichterin.*
- *Ich bin Lyriker.*
- *Ich bin Sachbuchautorin – ich schreibe über spirituelle Themen.*

Wenn du dich dafür entschieden hast, wer du sein möchtest, wird das dein Leben grundlegend verändern. Der ganze Trick besteht sozusagen darin, dass du erst deine Visitenkarte schreibst, und dann zu dem wirst, was draufsteht.

Stärken und Schwächen annehmen lernen

Seine Rolle zu spielen und sich hinter einer Maske zu verstecken, ist ein sicherer Weg, um nicht aufzufallen und in der Gesellschaft gut zu »funktionieren«. Ein Weg, der für Schreibende jedoch ganz und gar nicht funktioniert. Originalität ist nämlich die Voraussetzung für authentisches Schreiben, und eine Maske kann nie so faszinierend sein, wie das Original.

Wenn du ganz du selbst sein willst – und darum geht es ja beim authentischen Schreiben –, dann musst du ein Original sein. Und das setzt voraus, dass du deine Stärken ebenso kennst wie deine Schwächen, und dass du sie auch ohne Wenn und Aber akzeptierst – freundlich und achtsam. Autorinnen und Autoren sind sehr sensible Menschen. Und leider fällt es sensiblen Menschen oft besonders schwer, ihre Stärken anzunehmen oder sie überhaupt einmal zu erkennen. Kein Wunder also, dass sie sich oft viel zu sehr auf ihre Schwächen fokussieren, während sie ihre Stärken kaum wahrnehmen.

Wenn du mit der Lupe auf deine »Mängel« starrst, erzeugt das Unsicherheit und Selbstzweifel – und das sind genau die Hindernisse, die vor allem unerfahrenen Schriftstellern im Weg stehen. Mach dir darum immer wieder klar: Du bist keine Schreibmaschine, sondern ein Mensch (mal abgesehen davon, dass auch Schreibmaschinen und Computer alles andere als perfekt sind). Und Tatsache ist nun mal, dass jeder Mensch sowohl starke als auch schwache Seiten hat.

Praxisübung: Zehn Stärken

Diese Übung dient dazu, dir überhaupt einmal klarzumachen, dass du viel mehr Ressourcen hast, als du vielleicht glaubst. Versuche, spontan zehn Dinge aufzuzählen, die du an dir magst oder von denen du weißt, dass du sie gut machst. Falls dir das schwerfällt, dann frag mal ein paar Freunde. Das braucht zwar etwas Mut, aber wenn du dich das traust, wirst du garantiert einige Überraschungen erleben ...

Für den Augenblick kannst du aber einfach die Augen schließen und kurz nachdenken. Nimm dir dann ein Blatt Papier und notiere zehn positive Dinge. Das können auch ganz unscheinbare Sachen sein. Ob du gut Spaghetti kochen kannst, freundlich zu deinen Mitmenschen bist, eine gute Zuhörerin bist, zärtlich mit deiner Katze umgehst, gern schreibst oder gut tanzen kannst – alles zählt!

Sich seiner Stärken bewusst zu sein, ist für alle, die ein Buch schreiben wollen, äußerst wichtig. Und doch ist das nur die halbe Miete, denn ebenso wichtig ist es, auch seine

Schwächen zu kennen und anzunehmen. Niemand zwingt dich, dein eigener Richter zu sein. Statt dich zu bewerten und zu verurteilen, ist es sehr viel hilfreicher, wenn du übst, »Ja« zu all deinen Persönlichkeitsanteilen zu sagen.

Das gilt auch fürs Schreiben: Du musst nicht perfekt sein. Fällt es dir schwer, Landschaften zu beschreiben? Warum lässt du es dann nicht einfach? Wenn dir Dialoge nicht liegen, dann setze sie eben nur da ein, wo es absolut nicht anders geht. Und wenn es nicht so dein Ding ist, originelle Metaphern zu finden, dann verkrampf dich nicht – eine gute Geschichte funktioniert auch ohne. Hauptsache ist, dass du dich beim Schreiben wohlfühlst.

Vielleicht hilft es dir, etwas entspannter an deine Texte ranzugehen, wenn du dir klarmachst, dass du ja nicht alles allein machen musst. Beim Schreiben helfen dir Rechtschreibprogramme, Fehler zu vermeiden. Falls du einen Verlag oder eine Agentur findest, arbeiten dort Lektorinnen, die Überflüssiges aus deinem Manuskript entfernen und deinen Text korrigieren. Und wenn du lieber selbst veröffentlichst, gibt es zahlreiche Serviceangebote vom Lektorat bis zur Erstellung des Covers, die dir viel Arbeit abnehmen. Nicht zuletzt kannst du dich auch in deinem Freundes- und Bekanntenkreis umhören – über ein oder zwei Ecken finden sich da bestimmt Leute, die etwas von Texten verstehen und dir weiterhelfen können.

Im Gegensatz zu Charakterschwächen, sind handwerkliche Schwächen beim Schreiben relativ leicht zu beheben. Es gibt zu allen Themen Ratgeber und Tipps im Internet, die weiterhelfen – aber letztlich ist das Ganze vor allem

Übungssache. Du lernst am meisten, wenn du viel liest und viel schreibst. Eine kleine Geheimwaffe im Umgang mit eigenen Schwächen wollen wir dir aber noch verraten: Es ist das Wörtchen »noch«.

- *Meine Dialoge sind noch zu langweilig.*
- *Metaphern einzubauen fällt mir noch schwer.*
- *Der Plot ist noch nicht ganz ausgereift.*
- *Ich habe es noch nicht in Angriff genommen, Verlage und Agenturen anzuschreiben.*

Dieses kleine »noch« nimmt nicht nur viel Druck raus, es macht dir auch bewusst, dass jede Schwäche im Grunde nichts anderes als eine Einladung ist, an dir zu arbeiten und dich weiterzuentwickeln.

Was hält dich auf?

Mal ehrlich: Was brauchst du wirklich zum Schreiben? Deutsch beherrscht du schon einmal, sonst könntest du diese Zeilen kaum lesen. Papier und Stifte hat jeder, und die Wahrscheinlichkeit, dass du zu den Menschen gehörst, die hierzulande einen Computer besitzen (knapp 94%) ist groß. Auch daran, dass du es schaffst, die richtigen Buchstaben auf deiner Tastatur zu finden, zweifeln wir nicht. Also – was hält dich auf?

Nach unserer Erfahrung ist es fast nie ein Mangel an Talent, Ideen oder Sprachgefühl, die Anfänger ausbremsen, sondern einzig die Angst. Die Gründe, warum wir nicht zu schreiben beginnen oder nicht damit weitermachen, hängen fast immer mit Angst zusammen. Wir haben Angst davor, was andere denken. Wir haben Angst, uns lächerlich zu machen, zu scheitern, kritisiert zu werden oder unseren eigenen Erwartungen nicht gerecht zu werden.

Auch die dumme Angewohnheit, nach jedem Satz, den wir zu Papier gebracht haben, darüber nachzugrübeln, ob wir auch wirklich die richtige Formulierung gefunden haben, ist ein Ausdruck von Unsicherheit. Unsicherheit aber ist auch nichts anderes als eine Form der Angst.

Noch einmal: Authentisch zu sein heißt, dass wir uns unserer Stärken und Schwächen bewusst sind. Aber auch, dass wir lernen, sie zu akzeptieren. Falls du also herausfindest, dass es letztlich die Angst ist, die dich dran hindert, deinen Weg zu gehen, dann besteht die wichtigste Aufgabe darin, »Hallo« zu deiner Angst zu sagen. Angst zu haben ist ganz normal. Jeder Mensch hat Ängste.

Wer nicht täglich seine Furcht überwindet, hat die Lektion des Lebens nicht gelernt. Ralph Waldo Emerson

Lauf nicht vor deinen Ängsten und Zweifeln weg – sie laufen sowieso schneller als du. Vor allem ist es gar nicht nötig, wegzulaufen, denn viel wichtiger, als keine Angst zu haben, ist es, sich von seiner Angst *nicht aufhalten zu lassen*.

Was ist schon das Schlimmste, was passieren kann? Dass anderen dein Buch nicht gefällt? Dass du Spott erntest, weil du nicht weiterkommst? Dass dein Partner deinen Wunsch zu schreiben nicht ernst nimmt? Oder gar, dass du dein Buchprojekt einfach nicht gebacken kriegst und mit etwas Neuem anfangen musst? Na, und wenn schon! Dein Leben hängt nicht davon ab. Was soll's also. Es kann absolut nichts Schlimmes passieren, wenn du zu dir selbst stehst, authentisch bist und authentisch schreibst – ganz im Gegenteil. Trau dich!

Praxisübung: Trau dich – Automatisches Schreiben

Zum Thema Authentizität möchten wir dir abschließend eine bewährte Übung anbieten, die vielleicht eine der wichtigsten Techniken ist, um überhaupt einmal ins Schreiben reinzukommen und sich von Ängsten, Hemmungen und Unsicherheit zu befreien. Es ist das »automatische Schreiben«, das auch als »wildes« oder »assoziatives« Schreiben bekannt ist.

Die Methode stammt aus der Psychotherapie und ist mehr als 100 Jahre alt. Noch immer wird sie in vielen Schulen des Kreativen Schreibens genutzt, und das ist auch gut so. Automatisches Schreiben ist einfach und hilft dir, tiefer in dein Unterbewusstsein einzudringen und all die Schätze zu entdecken, die dort auf dich warten. Durch das automatische Schreiben bringst du außerdem deinen inneren Kritiker zum Schweigen; und je öfter du es machst, desto mehr wirst du zu deiner authentischen Erzählstimme finden.

Die Übung ist einfach:

1. Besorge dir Papier (es muss kein Block sein) und einen schönen Stift. Automatisches Schreiben sollte unbedingt mit der Hand praktiziert werden, da die Verbindung zu deinem Unterbewusstsein dadurch viel stärker ist, als über die Tastatur.
2. Versetze dich in einen möglichst entspannten, ruhigen Zustand. Schließe die Augen, nehme etwas Abstand zu den Alltagsgedanken, atme einige Male tief durch – lass alles los, was deinen Geist belastet.
3. Öffne die Augen wieder und stelle einen Wecker oder Timer ein, sodass er nach 5 bis 10 Minuten klingelt (am besten beginnst du mit 5 Minuten).
4. Jetzt geht's los. Schreibe einfach wild drauflos. Überlege dir vorher kein Thema. Und wenn du keine Ahnung hast, worüber du schreiben sollst, dann schreibe: *»Ich habe gerade keine Ahnung, worüber ich schreiben soll.«* Doch keine Sorge – so gut wie immer wartet der erste Satz bereits in deinem Unterbewusstsein auf dich. Wichtig ist nur, dass du ausschließlich nach vorn denkst. Schau nicht auf das Geschriebene – mach einfach weiter. Und wenn dein Schreibfluss abbricht, dann mache einen Gedankenstrich und beginne den nächsten Satz mit dem Buchstaben »A«. (Solltest du noch einmal ins Stocken kommen, ist der Buchstabe »B« dran usw.)
5. Sobald der Wecker klingelt, hörst du sofort mit dem Schreiben auf – auch mitten im Wort. Stehe dann auf und mache irgendetwas anderes. Geh spazieren, spül das Geschirr ab oder trink eine Tasse Tee.

Mache dir klar, dass es bei dieser Übung nicht um das Ergebnis geht. Natürlich wird automatisches Schreiben kaum dazu führen, dass ein literarisch hochwertiger Text dabei rauskommt. Aber du hast deine Schreibmuskeln trainiert, du hast deine Hemmungen über Bord geworfen, und du hast etwas mehr über dich selbst erfahren, auch wenn dir das vielleicht erst später irgendwann einmal bewusst werden wird.

Sorge gut für dich

Mit Schreiben kann man Geld verdienen. Und wie man an Bestsellerautoren sieht, manchmal sogar sehr viel Geld. Und doch wäre es sehr schade, sich aufs Finanzielle zu fixieren, denn Schreiben kann so viel mehr sein als ein Broterwerb. Schreiben kann dein Leben verändern, dein Herz zum Lachen bringen und dein inneres Potenzial wecken. Und ja – Schreiben kann *auch* dein Konto füllen, aber das sollte nur eine Nebenwirkung und nie das Hauptmotiv sein. Nutze Schreiben stattdessen lieber als Weg zu dir.

Die Voraussetzung dafür, dass du schreibend zu dir selbst finden kannst, ist, dass du achtsam mit dir umgehst und gut für dich selbst sorgst. Du kannst nur dann in Frieden mit dir sein und wirklich Spaß am Schreiben haben, wenn du lernst, dich so anzunehmen, wie du bist. Und es wird sich auch in deinen Texten zeigen, ob du entspannt und freundlich mit dir umgehst, oder ob du streng und gnadenlos zu dir bist. Wer sich selbst ablehnt, zweifelt auch an sich selbst und fühlt sich unsicher – und natürlich merken aufmerksame Leser so was.

Selbstliebe ist daher ein wichtiger Schlüssel zu authentischem Schreiben. Wenn du deine Bedürfnisse ernst nehmen und dich mit all deinen Stärken und Schwächen bedingungslos akzeptieren kannst,

- *bist du weniger abhängig davon, was andere sagen oder denken und wirst dich freier fühlen – auch beim Schreiben,*

- *wird es dir gelingen, dich selbst besser zu verstehen und deine Sehnsucht klarer zu erkennen,*

- *wirst du die richtigen Entscheidungen treffen,*

- *wirst du besser mit Enttäuschungen umgehen können,*

- *wirst du dich nicht grämen, wenn du mal nichts zu Papier gebracht hast und nicht gleich Schuldgefühle bekommen, wenn du lieber eine Freundin triffst, als am Laptop zu sitzen.*

Leider ist es in unserer auf Leistung fixierten Gesellschaft gar nicht so leicht, sich selbst zu mögen. Im Gegenteil: Es laufen mehr Menschen herum, für die es ganz normal ist, sich ständig zu verurteilen und zu kritisieren als solche, die entspannt mit sich umgehen und auch mal ein Auge zudrücken, wenn die Dinge nicht so laufen, wie sie sollten. Doch gerade Autorinnen – und zwar ganz besonders angehende –

müssen lernen, freundlich und mitfühlend mit sich selbst umzugehen.

Selbstmitgefühl ist die Fähigkeit, dir selbst mit einem Lächeln zu begegnen, freundlich und nachsichtig zu dir zu sein und dich nicht zu verurteilen. Und damit solltest du am besten gleich beginnen. Gerade kreative Menschen reiten nämlich viel zu oft auf ihren Schwachpunkten herum. Natürlich brauchst du Objektivität und die Fähigkeit, in deinen Texten auch die Schwächen zu erkennen. Wahrscheinlich ist das sogar der größte Unterschied zwischen erfolgreichen und erfolglosen Autoren: Die erfolgreichen erkennen, wo ihr Text holpert oder wo sie Überflüssiges rausstreichen müssen. Doch Professionalität hat nichts mit Selbstablehnung zu tun. Verwechsle dich selbst nicht mit deinem Text. Du darfst so sein, wie du bist. Und du darfst dich beim Schreiben genau so ausdrücken, wie es dir entspricht. Feilen kannst (und musst) du dann später noch genug.

Einige Dinge helfen dir, mitfühlender mit dir umzugehen:
Akzeptiere dich selbst. Akzeptiere, dass deine Schreibpersönlichkeit im Moment genau so ist, wie sie ist.
So gut es geht, ist gut genug. Schreibe mit den Möglichkeiten, die du jetzt hast. Akzeptiere deine Grenzen. Es macht nichts, wenn du ein Kapitel (noch) nicht zu Ende gebracht hast. Entspanne dich und hab etwas Geduld mit dir. Mit der Zeit wirst du dann von selbst die richtigen Worte finden, die du für dein Buch brauchst.

Alles ist in ständiger Veränderung begriffen. Das gilt auch für den Prozess des Schreibens. An manchen Tagen läuft es super. Und dann gibt es halt auch Zeiten, wo das Schreiben sehr zähflüssig wird oder auch mal ganz stockt. Das ist normal und bei jedem so. Hauptsache ist, dass dir das bewusst ist, denn dann wird es dich auch nicht mehr so schnell aus der Fassung bringen.

Achtsam schreiben

Als Buddha vor mehr als 2 000 Jahren von seinen Schülern gefragt wurde, was denn das Wichtigste sei, um Glück, inneren Frieden, Heiterkeit und vollkommene Gelassenheit zu erlangen, antwortete er: »Achtsamkeit, ihr Mönche, ist alles«.

Heute bestätigen Neuropsychologen, Mediziner, Therapeuten und Glücksforscher, was man inzwischen in jedem Käseblatt lesen kann: Achtsamkeit ist ein wahres Wundermittel gegen Stress, Depressionen, Burn-out und eine Unzahl psychischer oder psychosomatischer Leiden. Aber was bitte, haben Buddha oder Glücksforscher mit dem Schreiben zu tun? Wie du gleich noch sehen wirst, eine ganze Menge.

Bestimmt ist dir der Begriff »Achtsamkeit« in letzter Zeit öfter begegnet. Vielleicht kannst du dir nicht allzu viel darunter vorstellen, aber eigentlich ist Achtsamkeit eine ganz natürliche Sache. Achtsamkeit ist die Fähigkeit, deine Aufmerksamkeit ganz auf den jetzigen Moment zu lenken, ohne zu verurteilen oder zu bewerten, was du gerade erfährst.

Durch Achtsamkeit wachst du auf. Du hörst auf damit, dich in Hirngespinsten zu verlieren – du hörst auf, in deinem Kopf ständig Pläne für die Zukunft zu schmieden, Ängste, Sorgen und Zweifel zu nähren oder das Leben in das, was deiner Meinung nach »sein darf« und was »nicht sein darf« zu trennen. Stattdessen bis du offen und neugierig. Achtsamkeit macht dich auch gelassener, denn du lernst, mehr und mehr loszulassen.

Schreiben ist eine schöne Möglichkeit, mehr Achtsamkeit zu entwickeln, denn Schreiben schärft deine Wahrnehmung und verbindet dich mit dem Jetzt. Umgekehrt wird aber auch dein Schreiben durch Achtsamkeit neu erblühen. Je feiner deine Wahrnehmung ist, desto besser. Wer offen und wach ist, schreibt nämlich lebendigere Texte als jemand, der in seinen Alltagsgedanken feststeckt, oft neben sich steht und sich leicht ablenken lässt.

Achtsam zu sein heißt, in jedem Augenblick deines Lebens und Schreibens ganz präsent zu sein. Dann erst kannst du wirklich mit vollem Herzen bei der Sache sein. Achtsamkeit schenkt dir mehr Leichtigkeit und Freiheit und macht dich kreativer.

Was Achtsamkeit mit dem Schreiben zu tun hat

Du kannst nicht »nebenbei« schreiben. Im Halbschlaf funktioniert Schreiben nicht. Während du nebenbei bügeln, deine Teller abspülen oder deine Katze füttern kannst, erfordert Schreiben deine volle Aufmerksamkeit. Zwar gibt es viele gute Gründe, auch für deine Wäsche, dein Geschirr oder deine Haustiere voll da zu sein, doch was das Schreiben angeht: Hier bist du wirklich gezwungen, aus deiner Alltagstrance aufzuwachen.

In unserem Alltag passieren viele Sachen, die unseren Geist zerstreuen: Wir hetzen von unserer To-do-Liste getrieben durch den Tag und bekommen die Dinge oft trotzdem nicht geregelt. Wir müssen uns mit Problemen herumschlagen oder mit Konflikten, Frustration und Ärger zurechtkommen. Irgendwann finden wir schließlich etwas Zeit – dann sitzen wir vor einem leeren Blatt Papier oder schlagen unser Notizbuch auf, um loszulegen – und ...
Und? Nichts!

Uns fällt einfach nichts ein. Wir kriegen unsere Gedanken nicht auf die Reihe. Das ist ärgerlich und oft sogar zum Verzweifeln. Verständlich ist es allerdings auch, denn woher sollte in diesem ganzen Trubel denn noch die Muße zum Schreiben kommen?

Um zu schreiben, brauchst du einen klaren Kopf. Vielleicht suchst du gerade nach der passenden Metapher. Oder du willst ein Gefühl beschreiben oder in eine Stimmung eintauchen, aus der ein guter Dialog entspringt. Womöglich fehlt dir aber auch einfach noch ein entscheidendes Puzzlestück für einen guten Plot. Doch wie sollst du weiterkommen, wenn es in deinem Kopf zugeht wie in einem Affenzirkus?

Sicher kennst du das auch: Erinnerungen, Zukunftspläne, Selbstzweifel, Tagträumereien ... alle möglichen Gedanken und Gefühle purzeln dir durch Kopf und Herz. Im Buddhismus wird dieser Zustand der inneren Zerstreuung und Unaufmerksamkeit »Affengeist« genannt. Wilde Affen können zwar ganz unterhaltsam sein und für einigen Wirbel sorgen – eines aber können sie nicht: ein Buch schreiben. Sogar den Versuch, einen simplen Tagebucheintrag oder einen kleinen Blogartikel zu schreiben, versauen sie gründlich.

Die effektivste, seit Jahrtausenden bewährte Methode, um Klarheit und innere Ruhe zu entwickeln, besteht darin, achtsamer zu werden. Um kreative und authentische Gedanken entwickeln und niederschreiben zu können, müssen erst einmal alle oberflächlichen und überflüssigen Gedanken zur Ruhe kommen.

Schreiben und Achtsamkeit ergänzen sich ideal. Allerdings musst du dich erst einmal ganz bewusst für eine Haltung der Achtsamkeit entscheiden, denn nur dann wird Achtsamkeit dir beim Schreiben auch wirklich helfen,

- *deinen Fokus auf das Wesentliche zu lenken,*
- *Ablenkungen an dir abperlen zu lassen,*
- *ganz im Augenblick anzukommen und dich in das Schreiben zu versenken,*
- *lebendiger und einfallsreicher zu schreiben,*
- *die richtigen Worte zu finden,*
- *dir deiner eigenen Gedanken bewusster zu werden und dich selbst und deine Reaktionen besser zu erkennen, wodurch du beispielsweise herausfindest, was dich daran hindert, beim Schreiben optimale Ergebnisse zu erzielen.*

In einer Grundhaltung der Achtsamkeit zu schreiben heißt nicht, dass du in einen tranceartigen Zustand verfällst. Im Gegenteil: So wie du deinen Computer einschalten musst, wenn du anfangen willst, schaltest du eben auch deinen Kopf ein. Und natürlich solltest du das auf eine entspannte, freundliche Weise tun, denn es geht ja nicht etwa darum, dich »zusammenzureißen«. Du legst einfach nur den Schalter um – das ist alles.

Zwei kleine Sätze helfen dir, beim Schreiben eine Haltung der Achtsamkeit einzunehmen. Eigentlich ist es nur ein Satz, aber die Betonung ist unterschiedlich:

1. Ich *SCHREIBE* jetzt.

Mach dir klar, dass alles mit einer Absicht beginnt. Und ganz gleich, ob du an einem Sachbuch, einem Roman, einem Gedicht oder einem Artikel arbeitest – es geht darum, zu *schreiben*. Wenn du dich an deinen Text setzt, dann telefoniere nicht, surfe nicht im Internet herum und koch dir auch keinen Tee, sondern schreibe: »Ich SCHREIBE jetzt.«

2. Ich schreibe *JETZT*.

Der zweite Aspekt hängt weniger mit der Tätigkeit als vielmehr mit deiner Gegenwärtigkeit zusammen, wobei sich das eine natürlich nicht vom anderen trennen lässt. Eine achtsame Haltung einnehmen – das heißt, dass du ganz im Jetzt ankommst und in diesen Augenblick eintauchst. Während du schreibst, solltest du alles andere ausblenden, oder »den Lärm der Welt vergessen«. Und auch hier ist Achtsamkeit Gold wert, denn es ist ja genau dieser »Lärm der Welt«, der uns daran hindert, (nicht nur) beim Schreiben auf unser Herz zu hören.

Die Grundprinzipien der Achtsamkeit

Um achtsames Schreiben konkret in die Praxis umsetzen zu können, solltest du einige »Spielregeln« kennen. Diese Grundprinzipien helfen dir, dir klarzumachen, was das wirklich Entscheidende bei der Entwicklung der Achtsamkeit ist. Doch so wichtig es ist, diese Prinzipien zu kennen, so ist es noch viel wichtiger, sie dir immer wieder ins Gedächtnis zu rufen – am besten nicht erst beim Schreiben, sondern schon bevor du dich an deinen Text setzt:

Präsent sein: Schreiben passiert immer im Jetzt. Die Fähigkeit, sich ganz auf den gegenwärtigen Moment einzulassen und sich nicht in Gedanken an die Vergangenheit oder die Zukunft zu verstricken, entscheidet darüber, wie effektiv die Arbeit an deinem Buch ist.

Absichtsvoll handeln: Achtsamkeit ist keine Frage des Zufalls. Du musst dich bewusst dafür entscheiden, worauf du deine Aufmerksamkeit lenken willst. Beim Schreiben ist es natürlich sinnvoll, die Achtsamkeit auf die Gedanken und Formulierungen zu richten. Egal, woran du gerade schreibst – beobachte, welche Gedanken dir dazu gerade durch den Kopf gehen. Manche Einfälle tauchen blitzschnell auf, andere brauchen eine Weile, bis sie die richtige Form annehmen. Und auch wenn dir mal gar keine passenden Gedanken kommen, solltest du das achtsam wahrnehmen. Vor allem solltest du dann auch achtsam beobachten, wie du reagierst. Mit Ärger? Verzweiflung? Lustlosigkeit? »Absicht« bezieht sich jedoch lediglich auf die Absicht, genau hinzuschauen – nicht auf die Absicht, den perfekten Text zu schreiben!

Geduldig bleiben: Mach dich nicht fertig. Akzeptiere, dass alles seinem eigenen Rhythmus folgt – erst recht beim Schreiben. Rom wurde nicht an einem Tag erbaut und Romane nicht an einem Tag geschrieben. Ideen müssen reifen, und dazu brauchen sie nun mal Zeit. Bleib dran, aber lass dich nicht aus der Ruhe bringen, wenn du Durststrecken überwinden musst – die gehören einfach dazu. Und sei auch dir selbst gegenüber geduldig: Nicht nur Texte brauchen Zeit, um zu wachsen, sondern auch Autor*innen.

Es ist okay: Wer achtsam ist, ist offen für alles, was geschieht. Wenn wir die Welt in Schwarz und Weiß, Gut und Böse einteilen, verbauen wir uns unseren offenen Blick. Akzeptanz ist ein wichtiger Schlüssel, um langfristig erfolgreich sein und gelassen bleiben zu können. Die Sonne scheint, es regnet, du bist ausgeschlafen, du bist müde, du hast eine kreative Phase, dir fällt absolut nichts ein ... mal so, mal so. Es ist okay. Das alles ist Teil des Lebens, Teil des Prozesses. Lass deine Erwartungen los und mach einfach weiter – achtsam und entspannt. Es geht beim Schreiben nicht darum, möglichst viele gute Erfahrungen zu sammeln und dauernd Spaß zu haben. Es geht darum, immer weiterzuschreiben.

Liebe dich selbst: Du tust, was du kannst. Mal klappt's, mal geht's daneben. Kein Grund, unfreundlich mit dir umzugehen. Selbstmitgefühl ist ein wichtiges Prinzip der Achtsamkeit. Begegne dir selbst freundlich und wohlwollend. Nimm die kritische Stimme in deinem Hinterkopf nicht zu ernst. Es gibt kein Scheitern, sondern nur Erfahrungen, die du brauchst, um dich weiterzuentwickeln. Sei nicht zu streng zu dir, sondern schenke dir öfter mal ein

Lächeln. Und freu dich auch mal darüber, dass du zu den wenigen Menschen gehörst, die bereit sind, sich auf das Abenteuer Schreiben einzulassen.

Die Welt wahrnehmen – Von den Sinnen aufs Papier

Professionelle Autorinnen sind gut darin, ihre Umwelt und ihre inneren Gemütszustände genau zu beobachten. Unsere Beobachtungsgabe entscheidet darüber, ob es uns gelingt, spannende, fesselnde Bücher zu schreiben oder nicht. Je lebendiger die Eindrücke sind, die wir im realen Leben empfangen, desto lebendiger werden natürlich auch unsere Texte sein. Beim Schreiben ist es unser Job, neue Welten zu erschaffen, in die sich unsere Leserinnen ganz und gar hineinversetzen können. Wir müssen Träume so plastisch darstellen können, dass sie in ihren Köpfen Wirklichkeit werden. Unsere Wörter sollten sie begeistern, traurig oder glücklich machen, zum Nachdenken oder zum Lachen bringen.

Der Schlüssel, durch den das gelingt, ist sinnliches Schreiben. Jede menschliche Erfahrung setzt sich aus Sinneseindrücken zusammen: Was du nicht sehen, hören, spüren, fühlen, riechen oder schmecken kannst, das gibt es auch nicht. Viele Leser können sich keine Szenen vorstellen, wenn wir ihnen keine Bilder und Klänge liefern. Sie brauchen »Butter bei die Fische«. Sie wollen das volle Programm – das Glitzern der Morgensonne im türkisblauen Meer, das Rascheln der Blätter unter der alten Kastanie hinter dem verfallenen Geräteschuppen, den nach Kamille und Erde riechenden Korbstuhl im Gras ... Sie wollen den warmen Sand spüren, auf dem die Liebenden sich in den Armen liegen, das Feuer im Kamin auf den Wangen fühlen, die Eiswürfel im Gin-Tonic-Glas hören und den abgestandenen Zigarettenrauch in der Bikerkneipe riechen – sie wollen dabei sein, nimm sie also mit auf die Reise.

Beim Schreiben solltest du nicht an der Oberfläche bleiben und dich auch nicht zu abstrakt ausdrücken. Selbst wenn deine Worte noch so schön sind – wenn nichts »zum Anfassen« dabei ist, sind deine Leser zu Eigenarbeit gezwungen. Die haben darauf aber nicht immer Lust und legen das Buch schnell wieder weg, sofern es sich nicht um Gebrauchsanleitungen oder Fachbücher handelt, die ja keine_r liest, weil er/sie will, sondern weil sie/er muss. Nun muss man sagen, dass es nicht in jedem Fall ideal ist, zu detailverliebt zu sein. Wenn es um »Action« geht, wollen die Leser sich meist nicht in langen Beschreibungen verlieren, sondern wollen, dass es vorangeht. Manche legen auch viel Wert darauf, dass sie selbst und nicht der Autor im Kopfkino Regie führen. Für diese Leser ist das Buch das Drehbuch für den inneren Film. Doch eins stimmt immer: Abstraktes oder Allgemeinplätze sind nie gut.

Fällt es dir schwer, lebendige Bilder, anschauliche Metaphern oder interessante Details zu beschreiben? Dann bist du nicht allein, denn es geht uns fast allen so. Das erste, was du jedoch wissen musst, ist, dass auch berühmte Autorinnen und Autoren nicht vom Himmel fallen, sondern sehr viel Zeit damit verbringen, zu beobachten, ihre Vorstellungskraft und Fantasie zu entwickeln und nach den richtigen Worten zu suchen. Auch wenn es natürlich eine gewisse Begabung gibt, ist es doch vor allem die Übung, die den Meister macht.

Das zweite, das du wissen solltest: Bei alledem ist Achtsamkeit entscheidend, denn sie hilft dir, deine Beobachtung zu schärfen. Durch Achtsamkeit lernst du, deinen Fokus auf Bilder, Geräusche, Stimmungen, Landschaften, aber auch auf Gedanken und Gefühle zu lenken. Du nimmst mehr wahr – und je mehr du empfängst, desto mehr kannst du später auch wiedergeben.

Achtsamkeit ist Übungssache

Achtsamkeit ist nicht schwierig. Wir müssen uns nur daran erinnern, achtsam zu sein. Sharon Salzberg

Um Situationen, Szenen und Stimmungen lebendig darstellen zu können, müssen wir unsere Aufmerksamkeit schärfen und unsere Achtsamkeit entwickeln. Die Welt um uns herum achtsam wahrzunehmen, ist jedoch leider alles andere als einfach. Viele Eindrücke ziehen unbemerkt an unserem Bewusstsein vorbei, da wir einen Großteil unserer Lebenszeit in unseren Gedanken, Tagträumen und mentalen Gewohnheiten feststecken. Wer Bücher schreiben will, sollte sich jedoch die kindliche Fähigkeit bewahren, die Welt mit staunendem Interesse aufzusaugen.

An sich ist es nicht schwer, achtsamer zu leben und zu schreiben. Ohne Übung klappt es allerdings nicht. Und die wichtigste Übung besteht einfach darin, dass wir unsere

Aufmerksamkeit immer wieder bewusst auf die Gegenwart richten, denn darum geht es ja bei der Praxis der Achtsamkeit: den jeweiligen Moment wach und mit allen Sinnen wahrzunehmen und ganz in das Jetzt einzutauchen.

Es gibt eine Menge guter Achtsamkeitstechniken. Für unsere Zwecke wollen wir dir hier nur einige Übungen vorschlagen, durch die du deine Beobachtungsgabe verbessern und deine Achtsamkeit kultivieren kannst:

Praxisübung: Sechs Achtsamkeitstechniken

1. Bringe mehr Abwechslung in dein Leben. Durchbrich öfter einmal deine Routine. Wähle andere Wege zur Arbeit, verwende neue Gewürze beim Kochen, besuche Ausstellungen oder lies Bücher, die du normalerweise nie lesen würdest. Sei kein Gewohnheitstier. Verlasse immer wieder einmal deine Höhle. Apropos: Eine wunderbare Möglichkeit, die Tapete zu wechseln, neue Eindrücke zu gewinnen und deine Aufmerksamkeit zu entwickeln besteht darin, auf Reisen zu gehen – wobei es auch kleine Touren und Ausflüge tun. Selbst noch nie besuchte Orte in deiner eigenen Stadt können inspirierend sein.
2. »Stopp! Was übersehe ich gerade?« Lege zwischendurch immer wieder mal ein paar Sekunden lang eine Pause ein. Atme tief durch, schau dich um und richte deine Achtsamkeit auf die Welt um dich herum. Was kannst du gerade wahrnehmen, was du normalerweise übersehen hättest, wenn du deinen Trott nicht kurz

unterbrochen hättest? Beobachtung braucht Zeit, und diese Zeit nimmst du dir jedes Mal, wenn du im Alltagsgetriebe innehältst.

3. Richte deine Achtsamkeit nach innen. Setze oder lege dich irgendwohin, schließe die Augen und schau in deine Gedanken hinein. Was ist das erste Bild, das vor deinem inneren Auge erscheint? Registriere einfach nur, was in deinem inneren Kino gerade zu sehen oder zu hören ist, ohne es zu bewerten.
4. Viele Anfänger machen den Fehler, sich bei Beschreibungen zu sehr auf das zu konzentrieren, was man in der Geschichte sehen kann. Doch auch, was es zu riechen, zu schmecken, zu spüren und vor allem zu hören gibt, ist wichtig, denn es verleiht Szenen ihren besonderen Reiz. Achtsames Hören hilft dir, die vielfältigen Klänge in deinem Leben detailliert wahrzunehmen und sie später in deinen Büchern zu formulieren. Die Praxis ist einfach: Achte auf alle Geräusche, die du in diesem Moment wahrnehmen kannst. Beobachte nur – offen und neugierig –, ohne die Geräusche zu bewerten. Achte nicht nur auf die Klänge in unmittelbarer Nähe, sondern auch auf die, die von weit weg an dein Ohr dringen.
5. Wenn wir nicht achtsam sind, passiert es leicht, dass wir die schönen Dinge in unserem Leben übersehen. Schau dich um. Lenke deine Aufmerksamkeit auf all die kleinen und großen reizvollen Details, die jeder Augenblick zu bieten hat. Und umgib dich möglichst oft mit erfreulichen, angenehmen Dingen – mit Musik, Landschaften, Farben und natürlich auch mit schönen Büchern.

6. Richte deine Achtsamkeit zwischendurch immer wieder auf das Spüren. Atme tief durch und dann: Werde dir deiner Haltung bewusst. Du kannst deine Achtsamkeit auch auf verschiedene Körperteile richten – beispielsweise auf deine Hände, die Füße oder das Gesicht. Werde dir aller Körperempfindungen bewusst und achte genau darauf, was es gerade zu spüren gibt – vielleicht Wärme, Kühle, ein Kribbeln, Jucken, angespannte oder entspannte Muskeln usw.

Worte achtsam wählen – Die Kraft der Sprache

Achtsamkeit ist der erste Schritt auf dem Weg zu guten Texten. Für professionelles Schreiben ist ein wacher, achtsamer Geist die Grundvoraussetzung. Doch so wichtig eine ausgeprägte Beobachtungsgabe ist, so wichtig ist auch der zweite Schritt. Er besteht darin, seine Beobachtungen, Gedanken und Gefühle nicht nur wahrnehmen, sondern auch klar wiedergeben zu können. Darin liegt schließlich die ganze Kunst des Schreibens – und die kannst du nur beherrschen, wenn du dir der Magie der Worte und der Kraft der Sprache bewusst bist.

Die Worte, die wir benutzen, haben große Macht. Worte können Hass schüren und Gewalt verursachen, sie können aber auch trösten und sogar heilend wirken. Wenn wir Bücher schreiben, sollten wir Worte finden, die unsere Leserinnen inspirieren, die intensive Gefühle wecken oder – je nach Genre – Heiterkeit und Lebensfreude oder Spannung und Nervenkitzel erzeugen. Wer liest, möchte in Traumwelten eintauchen. Und die Aufgabe guter Bücher ist es, das Tor zu diesen Traumwelten weit zu öffnen. Du solltest deine Leser dazu bringen, mit all ihren Sinnen in die Welt der Fantasie einzutreten. Bringe sie dazu, zu lachen, zu weinen, sich zu freuen, zu fürchten, mit deinen Figuren mitzufiebern oder sich selbst besser zu erkennen. Doch wie schafft man das? Tja – dazu brauchst du wohl einen Zauberstab. Oder wenigstens Magie. Aber weißt du was? Darüber verfügst du bereits, denn jeder, der schreibt, kann die Kraft der Worte nutzen. Durch den Klang, den Rhythmus, die Emotion und Energie der Worte kannst du deine Leser*innen in fremde Welten entführen, kannst Bilder zaubern, Klänge zum Leben erwecken und Gedanken und Gefühle beeinflussen.

Sprache berührt Menschen und kann sie verändern. Abraham Lincoln hat einmal gesagt, dass wir ebenso wie beim Sprechen auch beim Schreiben immer auf die *Wirkung* achten sollten, die wir bei anderen erzielen wollen. Und darin liegt vielleicht der wichtigste Schlüssel für alle, die nicht nur für sich selbst und zum Spaß schreiben, sondern die ihr Buch auch in die Welt hinausschicken und möglichst viele damit erreichen wollen.

Wenn du effektiv schreiben willst, musst du deine Worte sorgsam und achtsam wählen. Unserer Erfahrung nach ist es allerdings auch nicht ganz unwichtig, sich zuerst genau zu überlegen, was unsere Absicht ist, bevor wir uns an den Schreibtisch setzen: »Was will ich eigentlich sagen? Welche

Gefühle oder Bilder möchte ich bei meinen Lesern erzeugen? Worauf kommt es mir bei den nächsten Seiten wirklich an?«

Grundsätzlich ist es gerade für Anfänger hilfreich, erst einmal drauflos und frei nach Schnauze zu schreiben und sich erst anschließend mit Feinheiten wie der richtigen Wortwahl zu beschäftigen – doch Vorsicht: Wenn du dein Ziel vorher nicht wenigstens grob anpeilst, kannst du leicht im Buchstabenwald landen. So ist es uns zum Beispiel immer wieder mal passiert, dass wir am Ende eines Kapitels merken mussten, dass wir – natürlich unbewusst – einen wortreichen Bogen um das gemacht hatten, was wir eigentlich sagen wollten. »Erst denken, dann reden« kann man also auf jeden Fall auch auf das Schreiben übertragen, denn abgesehen vom automatischen Schreiben, wo wir das ganz bewusst unterlassen sollten (siehe Seite 29, Kapitel »Authentisch schreiben«, Praxisübung: Trau dich – Automatisches Schreiben), ist es immer besser, erst unsere Gedanken zu sammeln, bevor wir sie in Worte gießen.

Du hast die (Wort)-Wahl

Nachdem du dir erst einmal darüber klar geworden bist, was du sagen und welche Wirkung du bei deinen Lesern erzeugen willst, fragt sich natürlich, ob es dir auch gelingt, die richtigen Worte zu finden. Gute Formulierungen sind die Voraussetzung für fesselnde Beschreibungen und vor allem eine Frage der richtigen Wortwahl.

Jede Autorin und jeder Autor hat einen eigenen Stil, benutzt einen anderen Sprachrhythmus, andere Sätze und natürlich auch andere Wörter. Wie sagte doch schon

Goethe so treffend: »*Eines schickt sich nicht für alle.*« Das stimmt zwar, aber trotzdem gibt es wichtige Erfahrungswerte. Die richtigen Worte zu finden ist nämlich kein Zufall, sondern letztlich eine Frage der Technik. Daher haben wir hier einige Tipps für dich:

- *Versuche nicht, andere durch deine Worte zu beeindrucken, denn meist wirkt das sehr gekünstelt. Bleibe authentisch.*

- *Schreibe unkompliziert, klar und knackig. Umständliche und weitschweifende Formulierungen ermüden nur.*

- *Um Bücher zu schreiben, musst du ganz bestimmt nicht Literatur studieren, aber zumindest solltest du die präzise Bezeichnung kennen, um die Dinge, Personen, Gefühle, Stimmungen und Orte in deinem Roman gut beschreiben zu können. Wenn du die präzise Bezeichnung nicht kennst: Sieh nach!*

- *Bemühe dich vor allem um Klarheit. Klare Gedanken und Formulierungen sind die Grundlage jeder professionellen Beschreibung.*

- *Mach's kurz: Benutze eine einfache, allgemein verständliche Sprache. Vermeide Schachtelsätze. Kurze Sätze erleichtern das Verstehen und treiben das Tempo beim Lesen voran. Und kurze Worte sind meist stärker als lange – Tod und Gott, Meer und Strand, Kind und Hand, Sturm und Wind,*

Haus und Maus, Glück und Leid ... Die menschliche Sprache hat sich aus Lauten und kurzen Einsilbern entwickelt – entsprechend alt und geläufig sind diese »Urworte«. Wind gab es schon lange vor Luftmassenbewegungen. Unter Glück kann sich jeder sofort etwas vorstellen, wer hingegen Zufriedenheitsfaktor liest, muss das oft zweimal lesen, um zu erfassen, was damit wohl gemeint sein könnte.

- *Benutze möglichst viele Verben. Bringe »Action« in deine Texte.*

- *Nimm (einerseits) das erste Wort, das dir einfällt – meistens ist es das beste. Bleib beim Konkreten, Naheliegenden. Schreib nicht »Vierbeiner«, wenn du »Pudel« meinst. Und wenn du über Spaghetti schreibst, dann schreib nicht »Teigwaren« und auch nicht »Nudeln«.*

- *Suche (andererseits) nach dem passenderen Wort, wenn du merkst, dass dein Stil zu eintönig wird. Ein gutes Synonymwörterbuch gehört unbedingt in den Werkzeugkasten von Autoren. Synonymfinder gibt es auch als Apps, und du findest auch im Internet Seiten, die dir helfen, das passende Wort zu finden, wodurch du zusätzlich deinen Wortschatz erweiterst. Bevor du fünfmal nacheinander »gehen« schreibst, nimm Alternativen wie zum Beispiel »schreiten«, »trotten«, »flanieren«, »laufen«,*

»latschen«, »marschieren« und viele mehr. Nur passen sollte es – und das ist nicht nur Geschmackssache, sondern auch eine Frage der Erfahrung.

- *Verzichte möglichst auf Fachausdrücke und akademisches Geprotze. Achte außerdem darauf, Geschwätz und Überflüssiges zu vermeiden – ebenso Modewörter, denn die wirken banal und veralten schneller, als du umblättern kannst.*

- *Eine bildhafte Sprache und Metaphern sind für das Schreiben wie das Sahnehäubchen auf dem Marmorkuchen. Hier braucht es etwas Übung, denn die passenden Metaphern zu finden ist eine eigene Kunst, allerdings eine, die sich erlernen lässt – zum Beispiel durch regelmäßiges Lesen. Falls dir spontan passende Vergleiche und Bilder einfallen, ist das natürlich super. Aber auch wenn du eine Weile überlegen musst, welches Bild passt, um eine Person, ein Ding oder eine Situation zu beschreiben, lohnt sich das meistens. Dadurch wertest du nicht nur deine Texte auf, sondern entwickelst zugleich deine Fantasie.*

- *Überlege dir immer, was das richtige Wort an der richtigen Stelle ist. Aber denke nicht schon beim ersten Entwurf darüber nach, sondern erst beim Überarbeiten, denn sonst stolperst du nur ständig über unausgereifte Formulierungen, und so kommt nie ein vernünftiger Schreibfluss zustande.*

Wenn du regelmäßig schreibst, beschäftigst du dich viel intensiver mit Sprache und Worten, als die meisten Menschen. Das ist nicht nur für deine Leser wichtig, sondern bereichert auch dich selbst. Durch Schreiben erweiterst du dein Bewusstsein. Durch deine Art zu schreiben, beeinflusst du deinen Geist und dein Lebensgefühl. Indem du dich zum Beispiel um sinnliche Beschreibung bemühst, werden auch deine Sinne schärfer – du siehst, spürst, riechst und hörst mehr als zuvor –, du wirst deine Gefühle intensiver fühlen und deine Gedanken klarer denken. Im Idealfall sollte Schreiben also immer eine Win-win-Situation für dich und deine Leser sein.

Praxisübung: Metaphern basteln

Metaphern sind Sprachbilder, also beispielsweise: »Ihre Gedanken glitten wie Wolken durch ihren Geist.« Hier wird das Vorüberziehen von Wolken mit Gedanken, die kurz im Bewusstsein erscheinen und dann wieder verschwinden, verglichen. In einem Buch, das keine Gebrauchsanleitung ist, sind Metaphern wichtig, um Gefühle, statt einfach nur Tatsachen auszudrücken.

Gelungene Metaphern sprechen das Herz an. Und mancher interessierte Leser denkt sich: Wie kommt sie nur auf so etwas?

Wie bei so vielem, ist Talent und Inspiration nur ein Teil. Der größere ist, wie fast immer, Übung.

Probiere mal Folgendes aus:

- *Nimm ein DIN-A4-Blatt und mach drei Spalten.*

- *In die erste Spalte schreibst du Hauptwörter. Dinge, Namen, Begriffe, wie »Zeit«, »Manfred«, »Fantasie«, »Heimweh«. Zehn untereinander.*

- *In die zweite Spalte kommen kurze Verbindungen, wie »gleicht dem/der«, »ist wie«, »hinterfragt« … Wieder 10 solche Verbindungsphrasen.*

- *In die dritte Spalte schreibst du wieder Begriffe. Notfalls dieselben, wie in der ersten Spalte; aber besser ist es natürlich, du findest ein paar neue.*

Nun schneide die drei Spalten so aus, dass du nun drei Streifen Papier hast. Du legst sie wieder zusammen wie vorher – und nun kannst du die Spalten hin- und herschieben. Du hast eine Phrasendreschmaschine gebaut.

Da kommen dann meist recht unsinnige, ab und zu jedoch auch ein paar interessante Dinge heraus, wenn du die Zeilen liest; so etwas wie »Fantasie / ist wie / Hoffnung«, »Manfred / gleicht dem/der / Zeit«. Wenn du zehn Zeilen hast, gibt es immerhin schon 1 000 mögliche Kombinationen. Dabei kann durchaus etwas Inspirierendes oder Überraschendes erscheinen.

Wenn du etwas mit der Phrasendreschmaschine gespielt hast, wirst du merken: Du brauchst die Maschine nicht – das kannst du auch im Kopf!

Vergiss deinen Körper beim Schreiben nicht

Du kannst deine Achtsamkeit in verschiedener Weise entwickeln. Eine sehr wirksame Methode besteht darin, seine sinnlichen Wahrnehmungen zu intensivieren, eine andere, seine Gefühle und Gedanken zu beobachten. Und wie schon gesagt, ist es für Autor_innen auch sehr wichtig, Worte achtsam zu wählen.

Der klassische Weg zur Kultivierung der Achtsamkeit besteht allerdings darin, seinen Fokus auf den eigenen Körper und die Atmung zu richten – und genau das vergessen wir leicht, wenn wir stundenlang am Computer und über unseren Texten sitzen.

Mach dir klar, dass du nicht nur mit deinem Kopf, sondern auch mit deinem Körper schreibst. Sicher – bei der Arbeit an einem Buch spielt sich viel im Reich deiner Gedanken, Fantasie und Gefühle ab. Aber auch dein Körper prägt dein Schreiben. Ganz gleich, ob du verspannt, erschöpft oder müde bist, ob du Schmerzen hast oder voller Energie und entspannt bist – all das wird mit in deine Zeilen einfließen.

Dein Körper hat immer ein Wörtchen mitzureden, und das kannst du ausnützen. Wenn du in gutem Kontakt zu deinem Körper bist, wirst du den Boden unter den Füßen nicht so leicht verlieren. Die Achtsamkeit auf den Körper oder den Atem zu richten, ist eine einfache und wirkungsvolle Methode, um immer mit einem Fuß im Hier und Jetzt zu bleiben. Besonders wenn du längere Zeit schreibst oder gestresst bist, hilft dir achtsame Gegenwärtigkeit dabei, innerlich gesammelt und gelassen zu bleiben.

Die Achtsamkeit auf den Körper zu lenken, ist nicht schwer. Richte dazu einfach nur deinen Fokus auf alle Körperempfindungen – darauf, was es zu spüren und zu beobachten gibt. Wie fühlt sich dein Körper in diesem Augenblick an? Wie sitzt du da? Sind deine Schultern angespannt? Oder vielleicht die Stirn und der Kiefer?

Du brauchst kein System, sondern musst einfach nur immer wieder kurz den Schalter umlegen: weg vom Intellekt und Text und hin zu deinem Körpergefühl und all dem, was du in deinem Körper innerlich »ertasten« kannst. Falls du das Ganze aber doch systematischer angehen und üben willst, gibt es dafür eine klassische Achtsamkeitstechnik:

Praxisübung: Aufrecht und entspannt – Körper-Achtsamkeit

Deine Körperhaltung hat großen Einfluss darauf, wie und was du schreibst. Wenn du zusammengesunken auf deinem Stuhl kauerst, den Rücken rund machst, den Kopf in den Nacken legst und Sorgenfalten auf der Stirn hast, bekommst du nicht nur Haltungsprobleme und Rückenschmerzen – du wirst auch nicht lange Energie zum Schreiben haben. Deine äußere Haltung beeinflusst deine innere und umgekehrt. Die folgende Übung hilft dir, innerlich und äußerlich in Balance zu kommen.

- *Setze dich aufrecht auf deinen Stuhl. Rutsche etwas nach vorn und lehne dich nicht an. Stelle beide Füße flach auf den Boden.*

- *Schließe die Augen, lege die Handflächen entspannt auf deine Oberschenkel und mach den Nacken lang, sodass dein Kinn in Richtung Brust weist und deine ganze Wirbelsäule aufrecht ist.*

- *Atme ganz entspannt. Lenke deine Achtsamkeit jetzt Schritt für Schritt in alle Körperteile. Beginne bei den Füßen: Spüre in die Füße hinein. Ganz gleich, ob sie warm oder kalt sind, ob es kribbelt oder du nichts wahrnehmen kannst – richte deinen Fokus einfach entspannt auf die Füße. Mache es dann genauso mit den Unter- und Oberschenkeln – deinem Gesäß und dem Becken – dem unteren und oberen Rücken – dem Nacken, dem Gesicht und den Schultern – von dort aus lenkst du deine Achtsamkeit in die Ober- und Unterarme und in die Hände. Spüre abschließend noch in Brust und Bauch hinein.*

- *Während dieser inneren Reise musst du nichts verändern. Allein durch dein aufmerksames Hinschauen findet dein Körper mit der Zeit wieder zu seinem natürlichen Gleichgewicht. Du kannst allerdings natürlich auch bewusst loslassen, wenn du unnötige Anspannungen entdeckst.*

- *Bleibe während der ganzen Übung aufrecht und doch entspannt. Lass den Atem frei strömen.*

Mit etwas Übung kannst du durch diese Technik in einer Minute durch deinen Körper wandern. Finde heraus, wo für dich die ideale Mitte zwischen Stabilität und aufrechtem Sitzen auf der einen und Lockerheit und Entspannung auf der anderen Seite ist.

Gerade am Anfang, wenn du dich zum Schreiben hinsetzt, lohnt es sich, zwei bis drei Minuten zu investieren, um dich zu spüren und deinem Körper »Hallo« zu sagen.

Mens sana in corpore sano ...

... so lautet ein bekanntes lateinisches Sprichwort: In einem gesunden Körper wohne ein gesunder Geist. Viele professionelle Autoren haben sich diese Tatsache zu Herzen genommen und pflegen ihren Körper, um das viele Sitzen an ihren Büchern auszugleichen. Leider kann Schreiben nämlich schnell zu Kopflastigkeit führen. Wird der Kopf jedoch zu schwer, kommt letztlich nicht mehr viel beim Schreiben raus. Das kannst du jedoch leicht vermeiden: Kümmere dich gut um die Bedürfnisse deines Körpers – und dazu gehört nicht nur, dass du dich gesund ernährst, sondern vor allem, dass du dich bewegst.

In verschiedenen Interviews haben Autoren verraten, was sie so alles machen, um sich körperlich fit zu halten. Vom Tangotanzen bis zum Kanufahren ist da so ziemlich alles dabei – zum Beispiel Reiten (Juli Zeh), Laufen (Haruki Murakami), Ringen (John Irving), Taekwondo (Nicholas Sparks), Schwimmen (Martin Walser) oder Sit-ups in den Schreibpausen (Kurt Vonnegut).

Was du tust, um dich in deinem Körper auch langfristig wohlfühlen zu können, ist vollkommen egal – aber mach *irgendetwas*. Und sei es nur, dass du täglich spazieren gehst (wie Stephen King) oder zwischendurch immer wieder einmal aufstehst, ein paar Schritte herumgehst, dich streckst und dehnst und dir einige tiefe Atemzüge gönnst, um wieder frischen Sauerstoff in deine grauen Zellen zu bekommen.

Apropos Atem: Auch dein Atem hat großen Einfluss auf deine Texte. Ebenso wie es einen Atemrhythmus gibt, gibt es einen Schreibrhythmus, und wenn der Atemfluss gestört ist, leidet auch der Schreibfluss. Solltest du merken, dass du beim Schreiben gelegentlich die Luft anhältst – achte mal darauf, es kommt recht häufig vor –, dann solltest du den Stift kurz aus der Hand legen und einige Male tief durchatmen. Es gibt darüber hinaus eine sehr einfache und effektive Methode: Atme vier Sekunden sanft durch die Nase ein und dann sechs Sekunden durch den leicht geöffneten Mund wieder aus. Wiederhole das einige Male. Sobald dein Atem wieder frei fließen kann, werden auch deine Worte wieder besser fließen.

Ganz im Augenblick sein – Schreiben als Meditation

Achtsamkeit ist nichts, was man entweder hat oder nicht hat. Achtsamkeit ist eine Fähigkeit, die sich entwickeln muss. Und so, wie eine Blume Zeit zum Wachsen braucht, ist es auch beim achtsamen Schreiben. Wenn du dich um mehr Achtsamkeit bemühst, wirst du merken, dass es anfangs nur einige wenige Momente beim Schreiben sind, in denen du beispielsweise deine Haltung, deine Umgebung, deinen Atem oder deine Gedanken achtsam wahrnehmen kannst. Mit der Zeit wird dein wacher Geist jedoch die Oberhand über unbewusste, tranceartige Zustände gewinnen, die die meisten Menschen als normal empfinden. Und dann wird es nicht mehr lange dauern, bis Achtsamkeit schließlich zu deiner Grundhaltung wird, in der du präsenter, klarer und lebendiger handeln und schreiben kannst.

Von der Achtsamkeit zur Meditation ist es nur ein kleiner Schritt. Letztlich führt Achtsamkeit früher oder später automatisch in meditative Zustände, in denen alles sehr viel leichter fällt. Solange du das Schreiben noch mit anstrengender Arbeit assoziierst, solange du mit deinen Texten kämpfen musst, dich selbst kritisierst, an dir zweifelst und äußeren Erfolgen nachjagst, ist Schreiben reiner Stress. Eiserne Disziplin bringt dich dann nicht weiter. Wenn du ständig die Zähne zusammenbeißt, ist die Luft schnell raus. Nur wenige Menschen bringen die Disziplin auf, täglich Stunden mit einer Tätigkeit zu verbringen, auf die sie keine Lust haben – und zu beneiden sind sie ganz bestimmt nicht.

Im Folgenden wollen wir dir zeigen, wie Schreiben und Meditation zusammenhängen. Durch meditatives Schreiben kannst du dir entweder einfach nur die Arbeit etwas leichter machen, oder du kannst dich spirituell weiterentwickeln, deine Herzensziele entdecken und sogar einen neuen Lebenssinn für dich finden. Und natürlich gibt es dazwischen noch viele Abstufungen.

Vom Glück der inneren Sammlung

Ganz egal, ob du nur für dich oder für andere schreibst – grundsätzlich ist Schreiben immer auch eine Einladung zur Meditation. Falls du dich schon mit dem Thema Meditation beschäftigt hast, wirst du dich jetzt vielleicht wundern: Heißt meditieren denn nicht, die Gedanken zur Ruhe zu bringen? Und ist gerade das Denken für das Schreiben nicht unerlässlich?

Stimmt genau – aber es gibt sehr viele Formen der Meditation und nicht bei allen geht es darum, still dazusitzen und nur noch »OM« zu denken. Du kannst meditieren, während du deinen Garten pflegst, ein Aquarell malst, musizierst oder sogar bügelst oder abspülst … und natürlich auch, während du schreibst. Indem du dich von störenden Gedanken und Emotionen befreist, kannst du dich tief in den Zustand des Schreibens versenken. So führt Schreiben zu Flow-Erfahrungen – Raum und Zeit lösen sich auf, und dabei wirst du dich wahrscheinlich ein wenig berauscht fühlen: berauscht von den Wörtern und Sätzen, der Geschichte und dem Thema, das dich bewegt.

Beim meditativen Schreiben geht es nicht darum, die Gedanken anzuhalten – das wäre ja auch keine gute Idee, wenn du ein Buch schreiben willst. Wohl aber geht es darum, dich zu fokussieren, die Affen in deinem Kopf zur Ruhe zu bringen und ihr Geschnatter abzustellen.

In einem Zustand der inneren Sammlung werden die Dinge sehr leicht. Abschweifende Gedanken und äußere Ablenkungen kosten uns viel Energie, die wir viel besser gebrauchen können, um unsere Ideen kreativ weiterzuentwickeln. Durch meditatives Schreiben wird dein Denken klarer und unkomplizierter. Das hilft dir dabei, das Beste aus dir hervortreten zu lassen, ohne in Stress zu geraten. Durch deine volle Präsenz sammelst du deine Kräfte, statt sie zu vergeuden, und das ist viel effektiver, als sich in Gedankenschleifen zu verheddern. Ständig Dinge wie den nächsten Arzttermin, die Steuererklärung, den Wochenendeinkauf oder das gestrige Gespräch mit deiner Nachbarin oder auch das übernächste Kapitel deines Buches im Hinterkopf zu haben, zerstreut deinen Geist und stört deine Produktivität.

Schreiben ist ja an sich schon eine meditative Tätigkeit. Virginia Woolf hat das Schreiben mal mit dem Angeln verglichen: Ohne Stille und Abgeschiedenheit fängt man keinen Fisch – und solange Chaos im Kopf herrscht, wirst du auch nicht die richtigen Worte angeln können.

In einem meditativen Zustand zu schreiben heißt nun nicht, etwas Besonderes oder Heiliges zu tun. Du verbannst lediglich all das Zeug, das dir normalerweise durch den Kopf geht. Du ruhst in dir, gelassen, ohne Erfolgszwang, Erwartungen und frei von Perfektionismus. Und gleichzeitig bist du ganz wach und präsent. Zu meditieren heißt nämlich nicht, einzuschlafen – ganz im Gegenteil. Meditatives Schreiben macht deine Arbeit produktiver, deine Texte werden authentischer, du kannst dich klarer fokussieren, kannst besser auf deine Bedürfnisse achten, und statt erschöpft und ausgelaugt vom Schreibtisch aufzustehen, wirst du dich nach dem Schreiben entspannt und voller Energie fühlen.

Klingt das zu schön, um wahr zu sein? Stimmt! Aber nur so lange, wie du lediglich darüber liest und nicht damit beginnst, es einfach zu tun – und das nicht einmal, sondern immer wieder. Denn eine schlechte Nachricht gibt es: Es wird nicht immer klappen – aber das ist auch nicht das Ziel, denn was zählt, sind deine Absicht und die innere Haltung.

Den Weg als Ziel ansehen

Mit der Meditation ist es so ähnlich, wie mit dem Fahrradfahren. Wenn dir jemand erklären will, wie man's macht, wird das keine große Hilfe sein. Sobald du dich aber selbst auf den Sattel setzt und es probierst, wirst du irgendwann losfahren – vielleicht nicht gleich, aber doch recht bald. Und wenn du erst einmal Radfahren kannst, wird es dich keine Mühe mehr kosten (solange es nicht bergauf geht). Beim meditativen Schreiben ist es ähnlich. Du selbst musst den Dreh rauskriegen und es dann einfach machen. Ein paar Starthilfen gibt es allerdings schon:

- ***Wenn du schreibst, dann schreibe.*** *So ungefähr könnte die Anleitung für »Zen in der Kunst des Schreibens« lauten. Ein Ziel zu haben ist gut und wichtig – aber es dauert nur wenige Minuten, sich sein Ziel vorzustellen und es für sich zu formulieren. Die Zeit, die du hingegen auf dem Weg zu* *deinem Ziel verbringst, ist sehr viel länger. Nicht selten brauchen Schriftsteller Jahre, um ihr Buch zu vollenden. Richte deine Aufmerksamkeit daher auf den Weg. Jeder einzelne Schritt darauf ist ein Teil deines Lebens. Während du schreibst, und sei es nur eine Zeile, bist du auf deinem Weg – und das zählt. »Wenn du schreibst, dann schreibe.«*

- ***Ziehe dich zurück.** Sei ganz für dich. Nimm dir vor, dir die Zeit des Schreibens von niemandem wegnehmen zu lassen. Werde zum »Schreibmönch« oder zur »Schreibnonne«. Das heißt nun nicht, dass du dich im stillen Kämmerlein einsperren musst – obwohl das für viele die effektivste Lösung ist. Prinzipiell kannst du auch im Café oder an einer Autobahnraststätte schreiben. Doch auch dann solltest du dich in dich selbst zurückziehen. Kein Smartphone, keine Social Media. Schließe alle Apps in deinem Browser, falls du am Computer schreibst. Innere Ablenkungen wie zerstreuende Gedanken kannst du nicht immer abschalten, äußere schon.*

- ***Nur diese eine Sache.** Wenn du versuchst, mehrere Dinge auf einmal zu tun, kostet dich das unnötig viel Energie und du wirst mehr Fehler machen. Dass Multitasking nicht funktioniert, ist hinlänglich erforscht. Fokussiere dich ganz auf die Tätigkeit des Schreibens – und halte das mindestens 30 Minuten lang durch. Um einen starken*

Fokus aufzubauen, musst du deinen Geist nämlich erst mal ein wenig aufwärmen. Im Schnitt dauert es gute 10 Minuten, bis wir uns wirklich in eine Sache hineinvertiefen können. Wenn dir also nach 10 Minuten der Gedanke kommt, dass du dir einen Saft aus dem Kühlschrank holen oder schnell mal etwas googeln musst, dann hör nicht auf diesen Gedanken. Sonst musst du danach praktisch wieder von vorn anfangen, deine Konzentration aufzubauen.

- ***Nutze den Zeitfaktor.*** *Schreibe regelmäßig. Unterschätze nicht die Kraft eines festen Rhythmus. Rhythmus ist alles – nicht nur in der Musik, sondern auch, wenn man ein Buch schreiben will. Am besten funktioniert es erfahrungsgemäß, wenn du täglich schreibst – und zwar immer für gleich lange Zeit. Nach spätestens 21 Tagen werden tägliche Schreibphasen zur Gewohnheit, dann wird die Sache viel leichter, da die Hemmschwelle gegen null läuft.*

- ***Setze dich stressfrei unter Druck.*** *Die andere Möglichkeit, wie du den Zeitfaktor ausnutzen kannst, besteht darin, dich selbst auszutricksen, um deine Effektivität zu erhöhen. Tue so, als ob du einen sehr engen Terminrahmen hättest, in dem du möglichst viele Seiten zu Papier bringen solltest. Gaukle dir vor, dass deine Zeit sehr kostbar wäre (im Grunde ist sie das tatsächlich) und du deine Arbeit bald fertigstellen musst. Stelle* *den Timer zum Beispiel auf 15 Minuten und dann leg los und schreibe ohne Unterbrechung. Auf diese Weise baust du ein wenig Druck auf, den du brauchst, um dranzubleiben. Aber keine Sorge: Da du selbst es bist, der die Regeln bestimmt und du ja im Grunde weißt, dass es sich bei dem Ganzen um eine Art Spiel handelt, wirst du nicht in Stress kommen. Etwas anderes wäre es, wenn der Druck von außen käme, weil deine Lektorin dich an die Deadline erinnert. So aber kannst du trotz der selbst gesetzten äußeren Einschränkung eines festen Zeitrahmens innerlich frei bleiben und zwar konzentriert, aber doch entspannt schreiben.*

- ***Meditiere jeden Tag ein paar Minuten lang.*** *Meditatives Schreiben gelingt natürlich besser, wenn du grundsätzlich Erfahrungen mit der Meditation sammelst. Viele Autoren und Autorinnen berichten davon, wie sehr die Meditation ihr Schreiben bereichert hat. Durch regelmäßige Meditation tust du nicht nur viel für deine Gesundheit und dein Wohlbefinden, du kannst auch besser und gelassener mit all den Problemen umgehen, die beim Schreiben auftauchen können. Durch das Meditieren findest du inneren Frieden und Stille – und dadurch bekommst du Zugang zu der unerschöpflichen Quelle an Ideen und Bildern in dir. Wenn dich nicht die ständig kreisenden Alltagsgedanken und -sorgen blockieren, entdeckst du jede Menge Stoff, der dir beim Schreiben nützen wird.*

Schreiben als Ritual

Dein Schreiben kann nur dann erfolgreich sein, wenn du es dir zur Gewohnheit machst, dich wirklich regelmäßig auf den Hintern zu setzen. Zumindest gilt das, wenn du ein Buchprojekt in Angriff genommen hast. Hier können Rituale sehr hilfreich sein.

Wenn du »Ritual« hörst, denkst du jetzt vielleicht an besonders heilige Handlungen, religiöse Zeremonien oder an Weihnachten. Tatsächlich musst du aber weder auf den Weihnachtsmann warten noch Kerzen oder Räucherstäbchen anzünden, denn Rituale können auch sehr einfach sein. Rituale sind rhythmisch wiederkehrende Abfolgen bestimmter Tätigkeiten, und die haben wir auch in unseren Alltagsroutinen. Zum Beispiel stehen wir erst auf, dann duschen wir, machen anschließend Kaffee und gehen danach mit dem Hund raus – ein fester Ablauf aufeinanderfolgender Handlungen, die immer dann einen rituellen Charakter bekommen, wenn wir sie achtsam ausführen.

Rituale bieten uns die wunderbare Möglichkeit, aus dem Schreiben eine liebe Gewohnheit zu machen und dabei eine achtsame, bewusste Haltung einzunehmen. Sie vermitteln uns ein Gefühl von Sicherheit. Sie befriedigen unser menschliches Bedürfnis nach Kontinuität, schenken Geborgenheit und Klarheit. Vor allem aber erleichtern Rituale das Schreiben, da wir nicht immer neu überlegen müssen, was wir tun sollen und uns nicht immer neu motivieren müssen. Ein Schreibritual wird es dir daher sehr viel leichter machen, immer wieder mit dem Schreiben loszulegen und dranzubleiben.

Die meisten Autoren nutzen bereits Schreibrituale, sind sich dessen aber nicht immer bewusst. Sogar die Angewohnheit, sich vor dem Schreiben einen Kaffee zu kochen und das Zimmer zu lüften, kann zum Miniritual werden. Aber es gibt auch ausgefallenere Varianten: Marcel Proust schlief tagsüber und schrieb nur nachts – und das im Liegen, auf einen Kissenberg gebettet. Am späten Nachmittag rauchte er dann gern ein wenig Opium. Mark Twain rauchte nach einem ausgiebigen Frühstück eine Zigarre nach der andern, während er an seinem Buch *Tom Sawyer* schrieb. Patricia Highsmith fing erst zu schreiben an, nachdem sie sich einen starken Drink gegönnt hatte. Ganz anders Haruki Murakami: Er fängt Punkt 4:00 Uhr morgens an zu schreiben, schreibt ungefähr 6 Stunden lang, verbringt den Nachmittag dann mit Lesen und Musikhören und joggt jeden Tag mehrere Kilometer. Seit 25 Jahren führt er dieses stark ritualisierte Leben und sagte einmal, dass er nie und unter keinen Umständen davon abweichen würde. Auch Stephen Kings Ritual besteht darin, einem strengen Tagesablauf zu folgen und ausnahmslos täglich zu schreiben – auch an Weihnachten, auch an seinem Geburtstag.

Wie du siehst, können Rituale auch einfach darin bestehen, jeden Tag oder auch beispielsweise dreimal die Woche eine bestimmte Anzahl von Anschlägen, Zeilen oder Seiten zu schaffen oder zu festen Zeiten zu schreiben. Grundsätzlich funktionieren Rituale, weil du dabei eine festgelegte Reihe von Handlungen konsequent ausführen musst. Wenn du diesen klaren Handlungsmustern folgst, entsteht daraus eine starke Gewohnheit, und wenn du sie nicht nur mit deinem Körper, sondern auch mit deiner Seele ausführst, ein Ritual.

Praxisübung: Tipps für dein Schreibritual

Zunächst einmal solltest du die Vorstellung vergessen, dass Rituale irgendetwas Großartiges oder Besonderes sind – das sind sie gar nicht. Es gibt so viele verschiedene Rituale wie es Menschen gibt. Welches Ritual hilft dir, die idealen Voraussetzungen für dein Schreiben zu schaffen? Möglicherweise hast du ja bereits eine eigene Schreibroutine entwickelt: Vielleicht hörst du beim Schreiben Musik oder du setzt dich mit einem schönen Notizblock in deinen Lieblingssessel oder kochst dir eine Tasse Tee, bevor du loslegst …

Hier sind einige Anregungen, die dir helfen, dein eigenes Schreibritual zu entwickeln:

- *Achte auf das »Wie«. Der äußere Ablauf macht zwar ein Ritual aus. Doch er ist nicht das Wesentliche. Eine achtsame, bewusste Haltung ist das, worum es geht, wenn ein Ritual kein gedankenloser Automatismus sein soll.*

- ***Nutze den Faktor Zeit.** Es ist für viele hilfreich, zu festen Uhrzeiten zu schreiben und zum Beispiel um Punkt 7:00 Uhr oder Punkt 21:00 Uhr mit dem Schreiben anzufangen. Auch eine festgelegte Dauer kann Teil des Rituals sein. Beispielsweise kannst du dir vornehmen, eine Stunde lang zu schreiben* *und in dieser Zeit auf keinen Fall aufzustehen. Stell dir dafür einen Timer.*

- ***Schaffe die richtige Atmosphäre.*** *Es gibt einige Möglichkeiten, wie du die Atmosphäre beim Schreiben verbessern und dich inspirieren kannst. Farben und Düfte zum Beispiel. Du kannst ein paar Blumen in Sichtweite aufstellen, dir ein schönes Bild neben den Schreibtisch hängen oder Postkarten und Fotos um den Computer herum aufstellen. Ob Kräutertee, eine Schale mit frischem Obst, eine Duftkerze, ein paar Bonbons, etwas Schokolade oder das Aroma von Kaffee – was immer dir hilft, dich beim Schreiben wohlzufühlen, ist genau das Richtige. Wenn du gern im Café schreibst: Prima, da hast du die Atmosphäre schon mitgeliefert.*

- ***Die Intention ist entscheidend.*** *Fragen wie: »Was soll als Nächstes passieren? Woran will ich jetzt schreiben?« sind eine gute Starthilfe und geben deinem Schreiben eine klare Richtung. Hilfreich ist dabei auch ein Notizzettel, auf dem du die Arbeitsschritte im Vorhinein festlegst.*

- ***Die Utensilien.*** *Falls du per Hand schreibst, wirst du dir vielleicht schönes Papier und einen edlen Stift bereitlegen. Ob Brille, Farbstifte oder Recherchematerial – was immer du zum Schreiben brauchst, solltest du in Griffweite haben.*

- ***Beziehe den Körper mit ein.*** *Sich erschöpft und verspannt an den Laptop zu setzen, ist keine gute Idee. Vielmehr ist es günstig, den Körper zu aktivieren, bevor wir uns hinsetzen. Manchmal braucht es einen kleinen Spaziergang, um wach zu werden. Meistens reicht es aber, sich ein wenig zu schütteln oder die Muskeln zu dehnen, um mehr Energie in Körper und Kopf zu bekommen.*

- ***Drei Minuten Achtsamkeit.*** *Die folgende Übung ist ein Klassiker unter den Achtsamkeitstechniken und eignet sich gut als Ritual am Anfang des Schreibens.*

1\. Minute: Setze dich hin, schließe die Augen, entspann dich so gut es gerade geht und nimm alles wahr, was du im Moment in dir und um dich herum erfahren kannst. Nimm dir eine Minute, um deinen Körper zu spüren, die Geräusche zu hören, in den Raum, der dich umgibt, hineinzufühlen und zu beobachten, in welchem Gemütszustand du dich gerade befindest – ob du zum Beispiel wach oder müde, gereizt oder entspannt, innerlich aufgeräumt oder verwirrt bist. Nimm das alles nur wahr – es darf so sein, wie es ist.

2\. Minute: Lenke deine Achtsamkeit jetzt ganz auf deinen Atem. Blende alles andere aus. Richte deinen Fokus auf das Heben und Senken der Bauchdecke beim Ein- und Ausatmen. Konzentriere dich auf den sanften Luftstrom an deinen Nasenflügeln. Verändere deinen Atem nicht, sondern folge ihm nur achtsam und entspanne dich mit jedem Ausatmen.

3. Minute: Dehne deine Aufmerksamkeit jetzt wieder aus. Du schaltest deine Achtsamkeit quasi von »Taschenlampe« auf »Flutlicht«, um wieder alles sehen zu können, was passiert. Spüre wieder deinen Körper, deine Haltung, achte darauf, ob es Geräusche gibt und schau auch, welche Gedanken dir gerade durch den Kopf gehen. Verändere nichts. Atme abschließend noch einmal tief durch und dann setze dich über deine Texte.

Kreativ schreiben

Neben *Authentizität* und *Achtsamkeit* ist *Kreativität* der dritte Schlüssel zu sinnerfülltem Schreiben, der es dir ermöglicht, dein Buch entspannt fertigzustellen und gleichzeitig viel über dich zu lernen, dein Potenzial zu entdecken und dir das Schreiben und das Leben zu erleichtern.

An sich ist »Kreatives Schreiben« ein seltsamer Begriff: Wer schreibt – und erst recht wer Belletristik oder Lyrik schreibt –, ist ja schon kreativ. Kreativ zu sein heißt nichts anderes, als schöpferisch tätig zu sein, seiner Fantasie Raum zu geben und sich für neue Ideen zu öffnen. Aber schauen wir doch mal, was Wikipedia dazu sagt: *»Kreativität ist die Fähigkeit, etwas zu erschaffen, was neu oder originell und dabei nützlich und brauchbar ist.«*

Hmm – nützlich und brauchbar? Beim Schreiben geht es uns wohl kaum darum, etwas Nützliches oder Brauchbares zu schaffen. Aber wenn wir genauer hinsehen, sind Bücher natürlich schon auch nützlich. Sie bieten Menschen die Möglichkeit, dem Alltag zu entkommen, sich zu entspannen, sich etwas Zeit für sich selbst zu nehmen und in ihre Fantasie einzutauchen. Und gerade heute, wo die Welt Kopf steht und so viele gestresste Leute auf der Straße herumlaufen, ist das sogar sehr nützlich und brauchbar. Dennoch bezeichnet der Begriff »Kreativität« im Allgemeinen in erster Linie die Eigenschaft, schöpferisch oder gestalterisch tätig zu sein. Ob du ein Bild malst, eine neue Salatsoße ausprobierst, ein paar Fotos schießt, deine Gitarre in die Hand nimmst oder einige Zeilen zu Papier bringst – kreativ bist du dabei immer. Ja, sogar wenn du nur deine Möbel umstellst, deinen Garten pflegst oder deinen Weihnachtsbaum schmückst, bist du kreativ tätig. Und kreativ zu sein heißt dabei nicht, etwas Perfektes oder Außergewöhnliches zu kreieren, sondern vor allem, es einfach zu tun.

Nun gibt es Menschen, die sich sehr intensiv mit ihrem kreativen Potenzial beschäftigen, während andere es brachliegen lassen.

Falls du dich für einfallslos hältst oder bisher noch Schwierigkeiten hast, Kontakt zur Quelle deiner Kreativität aufzunehmen, kannst du gerade im Schreiben einen Weg finden, deiner Fantasie wieder Flügel zu verleihen. Durch das Schreiben kannst du die Offenheit und die nötige Portion Verrücktheit in dir entdecken, die dir vielleicht durch Eltern, Lehrer und gesellschaftliche Zwänge abgewöhnt wurden. Wahrscheinlich hast du überhaupt deshalb zum Schreiben gefunden, weil du dich unbewusst danach sehnst, wieder lebendiger zu sein.

Hast du oft das Gefühl, dass du nicht kreativ genug bist, um einen Roman zu schreiben? Dann können wir dich trösten: Deine Kreativität schlummert in dir. Sie kann nie zerstört werden. Aber sie kann einschlafen, und als Autor oder Autorin ist es deine Aufgabe, sie beim Schreiben wieder wachzukitzeln. Und das ist eine schöne Aufgabe, denn auf kreativer Sparflamme zu leben, macht es dir nicht nur schwer, dein Ding zu schreiben – es hindert dich auch daran, dein Leben zu leben.

Kreativität kann man üben

Eine neue Sprache, Skateboardfahren oder Tangotanzen kann man nur lernen, wenn man auch übt. Das leuchtet jedem sofort ein. Wenn es aber um Dinge wie Gelassenheit, Achtsamkeit oder Kreativität geht, glauben viele, dass es sich dabei irgendwie um etwas Heiliges, Gottgegebenes handelt. Das ist jedoch Quatsch. So etwas wie »Unkreativität« gibt es nicht. Es gibt lediglich sehr viele Menschen, die ihre Kreativitätsmuskeln nie trainieren. Kreative sind nur deshalb Kreative, weil sie kreativ handeln. Das Tun macht es. Denn egal, ob du Musik machst, komponierst, Bilder malst oder Gedichte schreibst – ohne Übung wirst du immer auf einem Level stehen bleiben, das dich nicht befriedigt, weil du weißt, dass du weit hinter deinen Möglichkeiten zurückbleibst.

Wer in den sogenannten kreativen Berufen tätig ist, weiß, dass man die Produktion von Ideen letztlich genauso gut planen kann, wie die von Autos. Einen Zauberstab brauchst du nicht, sondern einzig die Bereitschaft, viel Zeit mit deinen Texten zu verbringen. Gute Einfälle sind hauptsächlich eine Frage der Zeit und der Konzentration. Kreativität erwächst aus der Bereitschaft, sich Zeit zu nehmen, um zu experimentieren und Dinge auszuprobieren. Sie wird also vor allem durch Tun aktiv. Und dabei sind Authentizität und Achtsamkeit wichtige Faktoren, um deine Kreativität zu unterstützen.

Wie du deine Kreativität förderst

Kreativität entsteht nicht erst dann, wenn du dich mit deinem Notizblock aufs Sofa setzt. Ebenso wie eine Blume, braucht Kreativität einen gesunden Boden, aus dem sie wachsen kann – und einen fruchtbaren Boden bereitest du durch dein Handeln und deine Gewohnheiten im Alltag. Der größte Kreativitätskiller ist Stress. Wenn du Tag für Tag von einem Termin zum nächsten hetzt und dein Leben irgendwann nur noch aus Erledigungen und Pflichten besteht, wird deine kreative Ader schnell versiegen. Druck und Anspannung sind Feinde der Kreativität – und übrigens auch der Lebensfreude. Ohne Lebensfreude und Muße, ohne Zeit für abgefahrene Tagträume kannst du keine originellen Ideen entwickeln. Und was folgt daraus? Genieße dein Leben, nimm dir mehr Zeit für dich, lerne all das loszulassen, was dich belastet – zum Beispiel durch Meditation –, denn nur so kannst du deine kreativen Quellen wieder anzapfen.

Ein weiterer Störfaktor für deine Kreativität ist Perfektionismus. Die Angst, bloß nichts »falsch« zu machen und der selbstkritische Blick auf das Ergebnis legen deinem Einfallsreichtum dicke Steine in den Weg. Perfektion ist ein Gift, das zahlreiche potenzielle Autoren davon abhält, überhaupt mit dem Schreiben anzufangen. Aber das Gegenmittel ist einfach: Pfeif drauf, was andere sagen und pfeif genauso drauf, was dein innerer Kritiker sagt.

Dürften wir dir nur ein einziges Rezept ans Herz legen, um dein Buchprojekt erfolgreich zum Abschluss zu bringen, dann wäre es ganz simpel: Leg los! Mach es einfach –

ohne groß nachzudenken, ohne auf den perfekten Augenblick zu warten oder darauf, dass du dich über alle Aspekte des Schreibens schlaugemacht und einen Haufen Ratgeber gelesen hast. Du hast jetzt schon alles, was du brauchst! Du kannst auch dieses Buch zuklappen, dir Papier und Stift holen und einfach schreiben. Mit der Zeit wirst du ganz von selbst immer besser. Je mehr du übst (= schreibst), desto mehr wird dir einfallen und desto leichter wird es dir auch fallen, die richtigen Worte zu finden. Aber vielleicht hast du ja trotzdem Lust, noch ein bisschen weiterzulesen ...

Praxisübung: Verrückten Ideen Raum geben

Es gibt eine bewährte und effektive Methode, mit der wir unsere Kreativität entfalten können: *Brainstorming*. Brainstorming ist der Prozess, in dem du alle Gedanken aufschreibst, die dir zu bestimmten Aspekten oder Themen deines Buches einfallen. Keine Idee ist »zu blöd« oder »zu schlecht«.

Beim Brainstorming besteht die Herausforderung darin, alles, aber auch wirklich alles zuzulassen und willkommen zu heißen, was immer aus den Tiefen deines Bewusstseins aufsteigt. Nimm dir ein großes Blatt und schreibe in kürzester Zeit alles neben- und untereinander, was dir in den Sinn kommt. Wähle etwas, was für dein Buch eine große Rolle spielt – zum Beispiel eine Figur, etwa die Protagonistin (den Mörder, das Opfer, die Geliebte ...). Oder wähle einen Ort, an dem ein Großteil deiner Geschichte spielt. Schreibe ungefiltert alles auf, was dir dazu einfällt. Lass deinen Gedanken freien Lauf, suche nicht nach großartigen Ideen und bringe deinen inneren Kritiker zum Schweigen. Sag auch zu verrückten Einfällen »Ja« – alles ist jetzt erlaubt.

Hier sind drei einfache Regeln für diese Übung:
Suche dir ein nettes Plätzchen – einen Ort, an dem du dich entspannen kannst und wo du nicht gestört wirst.

Begrenze deine Zeit: 10 Minuten – viel länger sollte es nicht sein.

Masse statt Klasse! Versuche in der kurzen Zeit möglichst viele Gedanken zu Papier zu bringen. Je mehr, desto besser.

Es gibt unendlich viele Möglichkeiten, seine Kreativität zu entwickeln. Einige wenige wollen wir dir jetzt zeigen, da sie den Weg zum kreativen Schreiben ebnen, auch wenn sie auf den ersten Blick vielleicht nicht gerade nach Schreibstrategien aussehen. Doch wie heißt es so schön: *»Wenn du schneller ans Ziel kommen willst, mache einen Umweg.«* Und da sich neue Ideen und originelle Einfälle leider nicht auf direktem Weg gewinnen lassen, lohnt sich der kleine Umweg immer:

- ***Probiere immer wieder Neues aus.*** *Erweitere deinen Erfahrungsschatz. Bleib nicht ewig im gleichen Trott stecken – tue, was du noch nie getan hast und lass deine alten Schuhe in der Ecke stehen. Alles, was dich lebendiger macht und Bewegung in dein Leben bringt, wird auch deine*

Kreativität in Schwung bringen. Gerade für Menschen, die schreiben, ist es wichtig, immer wieder neue Perspektiven einnehmen zu können, und das funktioniert nur, wenn du deinen Blickwinkel erweiterst. Dazu musst du nicht gleich auswandern oder andere verrückte Dinge tun. Es reicht schon, die Dinge nur ein wenig zu ver-rücken, um der Normalität und Routine zu entfliehen. Schreibe zum Beispiel mal an ganz anderen Orten, miete dich für ein Wochenende in einer Berghütte ein, lies Gedichte, wenn du sonst keine Gedichte liest und einen Krimi, wenn du sonst nie Krimis liest. Nimm an einem Workshop zu kreativem Schreiben teil, fang an zu meditieren, auf der Djembe zu trommeln oder mache einen Tauchkurs. Hauptsache, du machst etwas Neues.

- ***Genieße das Schreiben.*** *Sieh deine Schreibphasen nicht als Arbeits-, sondern als Genussphasen an. Mach dir einen Kaffee oder Tee bevor du anfängst und genieße es, in deiner Geschichte in die Haut von Menschen hineinzuschlüpfen, denen du im richtigen Leben nie begegnet wärest. Gib dem Genießen und der Muße auch in deinem täglichen Leben mehr Raum. Ob du eine schöne Landschaft, ein Musikstück, ein Buch, eine Kugel Erdbeereis oder eine heiße Dusche genießt – immer entwickelst du dabei zugleich deine Achtsamkeit. Denn wenn du nicht achtsam bist, kannst du auch nicht genießen.*

- ***Füttere den weißen Wolf*** *oder mit anderen Worten: Nähre das Gute, Positive in deinem Geist. Negative Gedanken und Gefühle wie Angst, Ungeduld, Ärger, Wut, Neid oder Selbstzweifel sind Gift für deine Kreativität. Solange du belastende Gefühle in dir »fütterst«, indem du dich in sie hineinvertiefst – beispielsweise durch Grübeln –, ist dein Bewusstsein blockiert. Dann kannst du keine neuen Ideen entwickeln und Schreiben wird zur Qual. Deine Ausrichtung ist daher entscheidend. Lass negatives Denken los und fokussiere dich auf positive Kräfte wie Gelassenheit, Achtsamkeit, Heiterkeit und Vertrauen. Falls dir das sehr schwerfällt: Achtsamkeitstechniken und Meditation sind effektive Möglichkeiten, den weißen Wolf in dir zu füttern, bis er groß und stark ist.*

- ***Internet und Social Media als Chance.*** *Oft liest man, wie groß die Gefahr ist, dass wir zu Sklaven des Internet und der sozialen Medien werden. Und da ist natürlich viel dran. Wenn dauernd dein Handy blinkt, weil Hinz und Kunz sich per SMS, WhatsApp oder Facebook melden, hast du den reinsten Kreativitäts- und Konzentrationskiller neben dir liegen. Das gleiche gilt für zeitraubendes Surfen im Internet: Sich Sensationsvideos reinzuziehen oder sich den zunehmend bedrückenden Onlinenachrichten auszusetzen, kann auf Kosten deiner Achtsamkeit und Kreativität gehen – und deine Lebensfreude beträchtlich trüben.*

Aber sind daran nun wirklich das Internet, Facebook, Youtube oder Google schuld? Wohl kaum. So sehr das Internet uns auch dazu verführt, unseren Geist in eine Mülldeponie für überflüssige und bestenfalls dämliche Infos zu verwandeln – das Problem ist nicht die Technik, sondern wir beziehungsweise unsere Wahl. Du kannst deinen Computer nämlich auch auf eine Weise nutzen, die deine Fantasie fördert und dich inspiriert. Es gibt jede Menge interessanter Vorträge, spannender Dokus und anregender Spielfilme, die deinen Blick erweitern. Und auch Social Media bieten dir viele Möglichkeiten, deine Kreativität ins Spiel zu bringen. Du kannst deine Beiträge kreativ gestalten oder deine Texte beispielsweise in Form von Blogs verfassen – und dabei bekommst du auch gleich ein Feedback. Aber was das nervig blinkende und piepsende Smartphone betrifft – das solltest du wirklich ausschalten und erst dann wieder mit deinen Leuten kommunizieren, wenn du dein Schreibpensum erledigt hast.

Praxisübung: Was wäre, wenn … oder »Die Frau im Café«

Diese Übung hilft dir, den »Geist der Kreativität aus der Flasche zu lassen«. Apropos Flasche: Mit deiner Fantasie ist es ähnlich, wie mit einer Flasche Mineralwasser. Damit das Wasser richtig sprudeln kann, musst du sie erst einmal aufschrauben und dir ein Glas einschenken. So wie die Kohlensäure unsichtbar in der Flasche ist, solange du sie nicht rauslässt, so bleibt auch deine Kreativität unsichtbar, solange du sie nicht freilässt. Natürlich sind wir nicht zu allen Zeiten gleichermaßen einfallsreich – auch hier gibt es Ebbe und Flut. Aber grundsätzlich verfügst du über ein kreatives Potenzial, das du vielleicht noch nicht mal erahnst. Du musst es nur in Bewegung bringen – es rauslassen. Zum Beispiel so:

Nimm dir ein Blatt Papier (oder lieber gleich mehrere) und stelle dir die Frage: »Was wäre, wenn?« Ebenso wie Stephen King lassen viele Autoren sich von diesem Gedankenspiel inspirieren, um Ideen für ihre Geschichten zu sammeln, und nicht selten entstehen aus diesem Kreativitätsspiel ganze Romane.

Was wäre, wenn …

… eine Braut auf ihrer Hochzeit bemerken würde, dass ihr Bräutigam sich sexuell zu ihrem Bruder hingezogen fühlt?

… Computerhacker das Internet lahmlegen würden?

… Werwölfe in einem Waldstück nahe einem Bergdorf von einem Mädchen gesichtet worden wären, dem niemand glaubt?

… du einen Ring finden würdest, der die Macht hat, die Welt zu zerstören?

… ein kauziger Wachmann, der jede Veränderung als Bedrohung empfindet, allein wegen des Anblicks einer Taube vor seiner Türschwelle völlig aus der Fassung geriete?

… ein Elfjähriger bei seinen kaltherzigen Verwandten im Besenschrank leben müsste und plötzlich in eine Schule für Hexerei und Zauberei beordert würde?

… eine junge Frau einen Job als Pflegerin annehmen würde, in welchem sie sechs Monate lang einen launischen, depressiven Rollstuhlfahrer pflegen muss und wenn die beiden sich im Lauf der Zeit immer näherkommen würden?

… zwei Menschen sich ineinander verlieben würden, die sich niemals gesehen hätten, sondern lediglich im E-Mail-Kontakt stünden?

… zwei völlig unterschiedliche Jungs – der eine hoch-, der andere tiefbegabt – gemeinsam einen Kriminalfall um einen Kindesentführer aufklären wollten?

… ein sommersprossiges Mädchen mit übermenschlichen Kräften allein mit einem kleinen Affen und einem Pferd in einer Villa leben würde?

Sicher hast du die eine oder andere »Was-wäre-wenn-Frage« als Ausgangspunkt für berühmte Romane erkannt. Aber um deine Fantasie anzuregen, kannst du auch viel einfacher vorgehen: Was wäre, wenn dein Nachbar ein Mörder wäre? Oder was wäre, wenn eine Freundin dir zwei junge Hunde zur Pflege anvertrauen würde, dann in Urlaub fahren und tödlich verunglückten würde – was wäre, wenn du die Hunde dann nicht mehr weggeben könntest?

Auch die folgende Übung kann sehr hilfreich sein, um den Geist der Kreativität aus der Flasche zu lassen. Sie heißt

Die Frau im Café

Wenn du das nächste Mal in einem Café bist (oder an jedem anderen beliebigen öffentlichen Ort), dann schaue dich mal nach einer Frau um. Sie muss nicht besonders sein und nichts Besonderes haben – wichtig ist nur, dass sie dein Interesse weckt. Beobachte sie eine Weile – ihre Art zu sitzen, sich zu bewegen, ihren Kaffee zu trinken oder

sich mit jemandem zu unterhalten. Und dann stelle dir die Frage:
Was wäre, wenn …

… ihr Partner vor Kurzem gestorben ist, sie ihren Job verloren hat und ihr Vermieter ihr soeben die Wohnung gekündigt hat?

… sie zufällig jemanden getroffen hat, der ihr den Kontakt zu ihrem Traumjob vermittelt hat und sie ihren alten Beruf gekündigt hat, da sie ihr Herzensziel entdeckt hat?

… ein Onkel ihr unerwartet ein Vermögen hinterlassen und sie zur Erbin mehrerer Luxushotels an der Côte d'Azur gemacht hat?

Lerne, die Welt mitten im Alltag mit den Augen deiner Fantasie zu betrachten. Was könnte der alte Mann dort auf der Parkbank für eine Lebensgeschichte haben? Warum ist das kleine Mädchen ganz allein auf dem Spielplatz? Was ist das schreckliche Geheimnis des Verkäufers an der Käsetheke? Wie würde es aussehen, wenn hinter den Hügeln, an denen du vorbeifährst, das Meer wäre, und wen könntest du da treffen?

Praxisübung: Ich erinnere mich

Dies ist eine weitere einfache Übung, um deine Kreativität in Schwung zu bringen. Schreibe den Satz einfach als Überschrift auf ein Blatt Papier: *Ich erinnere mich*. Blicke in die Vergangenheit zurück. Dabei ist es egal, ob du eine Begebenheit aus deiner Kindheit oder Jugend wählst oder ob du an deinen letzten Urlaub, deine letzte Beziehung oder an gestern zurückdenkst. Suche dir nur eine einzige Erinnerung aus, und fange an zu schreiben. Wichtig ist dabei, dass du schnell und ungefiltert schreibst – feile also nicht an Formulierungen herum, sondern bringe in Rohform zu Papier, was aus deiner Erinnerung auftaucht.

Für Fleißige hier noch eine Variante:

Erinnere dich an 10 Menschen, die du kennengelernt hast. Und/oder an 10 Orte, an denen du gewesen bist. Schreibe die Ziffern 1 bis 10 untereinander und neben jede Ziffer ein oder zwei Sätze, woran du dich jeweils erinnerst.

Lass das Kind in dir schreiben

In jedem von uns steckt ein Kind und in jedem von uns steckt auch ein Künstler. Die beiden sind bestens befreundet und können nicht ohne einander auskommen. Geniale Künstler pflegen einen engen Kontakt zu ihrem inneren Kind – sie bewahren sich ihre kindliche Spontaneität und ihren neugierigen, unschuldigen Blick auf das Leben. Und da auch die Literatur zur Kunst gehört, ist es eine große, aber auch sehr schöne Herausforderung für uns, den Ernst und die Versunkenheit, die wir als Kinder beim Spielen hatten, wiederzuentdecken.

Dein inneres Kind hilft dir, leichter Zugang zu deiner Kreativität und zum kreativen Schreiben zu bekommen. Darum ist es eine gute Sache, es am Schreibtisch auf den Schoß zu nehmen – vor allem in der ersten Phase des

Schreibens, wo es darum geht, seine Ideen ungefiltert zu Papier zu bringen, bevor die zweite Phase des Lektorierens ansteht.

Dein inneres Kind kann noch gar nicht schreiben? Macht nichts – dafür kann es viele Dinge, die du in dein Schreiben einfließen lassen kannst. Zum Beispiel kann es seine Gefühle laut und deutlich zeigen, es kann schonungslos bei der Wahrheit bleiben, seiner Lust bedingungslos folgen und sich so sehr auf sein Spiel konzentrieren, dass es die ganze Welt vergisst.

Authentizität, Achtsamkeit und Kreativität – niemand repräsentiert diese drei Qualitäten besser als Kinder. Kinder sind nicht nur die authentischsten und kreativsten Menschen auf Erden, sie beherrschen auch die Kunst der Achtsamkeit besser als die meisten Erwachsenen. Über die Verbundenheit zu deinem inneren Kind kannst du Zugang zu Erinnerungen und intensiven Gefühlen wie Traurigkeit, Begeisterung, Wut oder Freude aufnehmen. Und sofern du keine Berichte oder Gebrauchsanleitungen, sondern Geschichten und Romane schreibst, sind Gefühle das Entscheidende. Tiefe Gefühle erwecken deine Texte zum Leben. Selbst der beste Plot und die detaillierteste Beschreibung werden deine Leser nur dann faszinieren, wenn auch viele und starke Gefühle im Spiel sind.

Wir alle waren einmal kreative Kinder. Wir haben Theaterstücke gespielt, waren Prinzessinnen, Ritter, Zauberinnen und Cowboys. Wir konnten in beliebige Rollen schlüpfen, Burgen aus Sand und Zelte aus Laken oder Zweigen bauen. Wir waren Maler, Musiker und Schauspieler, sind auf

Bäume geklettert, haben mit Fingerfarben fantastische Wandmalereien entstehen lassen – nicht immer zur Freude unserer Eltern ... Ein großer Teil unserer Kreativität ist in Vergessenheit geraten. Und nicht selten haben Großeltern, Eltern und Lehrer mit ihrem kritischen Erwachsenenblick dazu beigetragen, dass wir mit zunehmendem Alter immer gehemmter, langweiliger und »erwachsener« wurden.

Sobald du dir deines inneren Kindes bewusst wirst, wirst du entdecken, dass deine Fantasie nie weg war, sondern dass du nur neue Zugänge zu ihr brauchst. Manchmal kann da ein kleiner Schubs, den du dir selbst gibst, nichts schaden. Du kannst die Fähigkeit, dir verrückte Geschichten oder Charaktere auszudenken und ungehemmt draufloszuschreiben jederzeit wieder reaktivieren – und dabei solltest du dir unbedingt die Unterstützung von deinem inneren Kind holen.

Dem inneren Kind Raum geben

Kreativität lässt sich nicht erzwingen, aber du kannst sie fördern. Und das sogar auf sehr unterhaltsame Weise. Das Wesentliche ist, dass du dich wieder mehr auf den spielerischen Teil in dir besinnst oder mit anderen Worten: Gib deinem inneren Kind möglichst viel Raum – nicht nur beim Schreiben, sondern auch im täglichen Leben. Im Folgenden wollen wir dir dazu ein paar Anregungen geben:

- *Nimm das Schreiben nicht so furchtbar ernst. Die Welt wird sich weiterdrehen – ganz gleich, ob du nun schreibst oder nicht, oder ob das, was du schreibst, Literaturkritikern gefallen wird oder nicht. Sei wieder wie ein Kind. Sieh das Spielerische darin, Texte zu verfassen.*

- *Kinder sind tolle Geschichtenerzähler – wann immer möglich, solltest du Kontakt zu Kindern suchen und dir anhören, was sie so zu erzählen haben, denn dabei kann man eine Menge lernen.*

- *Erinnere dich an deine eigene Kindheit. Wie könnte dein inneres Kind aussehen? Was macht ihm Spaß? Ist dein inneres Kind vier, sechs oder acht Jahre alt?*

- *Tu öfter mal, was kleine Kinder tun. Laufe barfuß durch den Matsch, balanciere auf kleinen Mauern, Baumstämmen oder Randsteinen, lies Kinderbücher oder Märchen, lerne ein paar Reime auswendig oder tanze albern durchs Wohnzimmer. Entdecke die Freude und Leichtigkeit wieder, die du als Kind erlebt hast.*

- *So etwas wie Scheitern gibt es nicht. Wenn es dir noch nicht gefällt, was du geschrieben hast, dann versuche es noch mal – immer wieder, bis du zufrieden bist. Solange du noch schreiben kannst, kannst du niemals scheitern.*

- *»Es ist leicht.« Benutze diesen Satz als Mantra, das dein ganzes Wesen durchdringt. Sag ihn dir* *immer wieder – gleich morgens beim Aufwachen. Es ist leicht, denn das Schreiben fällt dir tatsächlich nur so schwer, wie du es nimmst.*

- *Versuche nicht, zu viel zu machen. Lass los und lasse dich von deiner Lust leiten. Versuche mal, dich von deiner Geschichte finden zu lassen, statt sie zu erzwingen. Du musst gar nicht so viel erzählen, denn oft erzählt sich der Plot quasi von selbst. Du musst nur den Startschuss abfeuern.*

Praxisübung: Gut gelogen ist halb gewonnen

Für diese Übung wäre Pippi Langstrumpf genau die richtige Lehrerin. Die Anleitung ist einfach: *Erfinde eine Lügengeschichte.* Denke dir irgendeine verrückte Story aus und schreib sie auf. Im Gegensatz zu Tatsachenberichten oder (seriösen) Biografien, sind Romane immer erfundene und konstruierte Geschichten –nichts als ausgedacht und erlogen also. Aber das ist auch gut so, denn wer fiktionale Texte schreibt, muss eine Welt, eine Handlung und Figuren erfinden können, in die Leserinnen tief eintauchen können, um ihrem Alltagstrott zu entfliehen.

Im Roman wirst du zum Schöpfer deiner eigenen Wirklichkeit – und je mehr Raum du deiner Fantasie gibst, desto besser. Eine einfache Möglichkeit, dich kreativ auszutoben, besteht darin, eine Fake-Autobiografie zu schreiben: Erfinde eine Kurzvita, die bestenfalls ansatzweise mit deinem echten Leben zu tun, größtenteils aber erfunden ist.

Denk dir ein paar verrückte Stationen aus – zum Beispiel so: »Nach der Schule habe ich am Pariser Konservatorium Fagott studiert und Wettbewerbe in den USA gewonnen. Das Geld habe ich in Wasserstoff-Aktien investiert, bin reich geworden und hab mir eine Pferdefarm in Texas gekauft. Nach einem Reitunfall musste ich in die Reha, wo ich mich in meinen Physiotherapeuten verliebt habe, der allerdings spielsüchtig war, was ich erst gemerkt habe, als mein ganzer Besitz verspielt war. Jetzt arbeite ich in einer Pizzeria, aber was dort keiner weiß ist, dass ich demnächst ...«

Was auch immer dir einfällt – schreib einfach ungehemmt drauflos ...

Vom Mut, dir selbst zu vertrauen

Bücher zu schreiben, und das nicht nur still und heimlich, sondern ganz »offiziell«, erfordert Mut. Autorinnen und Autoren brauchen Mut, um sich zu trauen, aus der Reihe zu tanzen, anders als andere zu sein und etwas zu machen, was andere für Spinnerei, wenn nicht sogar für eine große Dummheit halten.

Wenn du dein Ding schreiben willst, brauchst du viel Selbstvertrauen: Du musst dir selbst und deiner Fähigkeit vertrauen. Oder zumindest darauf vertrauen, dass du dir diese Fähigkeit mit etwas Ausdauer aneignen kannst. Es erfordert Mut, ein Buchprojekt allein durchzuziehen –

meistens kannst du dabei nämlich nicht auf Unterstützung von außen zählen.

Es braucht Selbstbewusstsein, um Freunden, deinem Partner oder deinen Kindern zu erklären, dass du gerade keine Zeit für sie hast, und dass du Zeit zum Schreiben brauchst, in der du nicht gestört werden willst. Und natürlich brauchst du erst recht Mut, um verrückt zu sein, immer wieder Neues auszuprobieren, zu spielen, zu experimentieren oder zwischendurch einfach mal die Sau rauszulassen.

An seinem Selbstvertrauen zu arbeiten, lohnt sich. Nur mit der nötigen Portion Selbstvertrauen kannst du deine Ängste loslassen, deine Sicherheit spendende Routine durchbrechen, kannst wieder zum Kind werden und originelle Ideen entwickeln. Durch Originalität wiederum erlangst du Aufmerksamkeit. Und gerade heute, wo täglich Fluten an Informationen auf uns einstürmen und die Aufmerksamkeitsspanne der meisten Menschen auf wenige Sekunden zusammengeschrumpft ist, kannst du nur dann auf dich und dein Buch aufmerksam machen, wenn du kreativ wirst und den Mut hast, ganz du selbst und anders als andere zu sein – womit wir wieder beim Thema Authentizität wären ...

Das größte Hindernis auf dem Weg zu deinem eigenen Buch ist ein Mangel an Selbstvertrauen. Dieser Mangel zeigt sich zum Beispiel dadurch, dass du ängstlich in die Zukunft blickst, dass du viel zu viel grübelst, an dir selbst und an deinen Texten zweifelst oder einfach zu brav und angepasst bist.

Es gibt viele Methoden, um an deinem Selbstbewusstsein zu arbeiten: Du kannst eine Menge Zeit mit Therapien verbringen, Karate lernen oder an Motivationsseminaren teilnehmen. Aber der einfachste Weg besteht darin, zu schreiben und immer weiter zu schreiben. Woher soll dein Selbstvertrauen kommen, wenn nicht aus der Fähigkeit, dranzubleiben?

Komm vom Denken ins Tun! Gib dir die Erlaubnis, Fehler zu machen. Mache dich öfter mal über dich lustig – vor allem dann, wenn beim Schreiben mal wieder einiges schiefgegangen ist. Und halte dich unbedingt von Leuten fern, die dich nur runterziehen.

Wenn du das nächste Mal an Selbstzweifeln leidest, dann denke an dein inneres Kind. Sprich in freundlichem, sanftem Ton. Was würdest du dem kleinen Mädchen oder dem kleinen Jungen sagen? Vielleicht das: »Mach dir keine Sorgen. Wenn du das willst, dann kannst du das auch. Du schaffst das! Fang einfach an!« Wenn es sonst niemanden gibt, der dich unterstützt und aufmuntert, warum tust du es dann nicht einfach selbst?

Mache aus all den Dingen, die nicht so optimal laufen, eine Mücke und aus all den Dingen, die du gut machst, die du kannst und die dir gelingen, einen Elefanten – denn so erledigen das Menschen mit einem starken Selbstbewusstsein, während diejenigen, die ständig an sich zweifeln und ängstlich sind, leider genau das Gegenteil tun. Vermeide es, jeden kleinen Fehler für eine Katastrophe zu halten und schenke dir selbst die nötige Wertschätzung, damit du deine vielen guten Seiten und Fähigkeiten nicht übersiehst.

Fantasie in Worte fließen lassen

Beim kreativen Schreiben besteht der erste Schritt darin, deine Fantasie zu wecken und Ideen zu entwickeln. Dazu solltest du deine Achtsamkeit fördern, denn sie ermöglicht es dir, genauer zu beobachten und intensive Eindrücke aufzunehmen. Um Stoff für deine Geschichten zu sammeln, kannst du aus deiner eigenen Erfahrung schöpfen – aber natürlich kannst du dich auch durch Zeitungsartikel, Bücher oder Filme inspirieren lassen. Nach diesem ersten kommt der zweite Schritt. Jetzt geht es darum, deine Eindrücke auch *auszudrücken*. Die Herausforderung besteht jetzt darin, Erlebtes und Erdachtes in die richtigen Worte zu gießen.

Wörter zu benutzen, um Bilder, Stimmungen, Situationen oder Charaktereigenschaften – um Romantik und Spannung auszudrücken, grenzt an Zauberei. Obwohl wir keine Klänge zur Verfügung haben, können wir es unseren Leserinnen ermöglichen, zu hören. Obwohl wir keine äußeren Bilder vorführen können, können wir doch Bilder in ihrem Kopf erzeugen. Im Gegensatz zu Filmemachern, können Autorinnen Szenen allein durch Worte lebendig werden lassen. Schreiben ist magisch: *»Im Wald steht ein Mädchen und singt.«* Im Film würdest du die Szene sehen und hören – wenn du die Worte aber liest, passiert alles einzig und allein in deinem Kopf. Und es passiert eine Menge: Was für ein Wald? Ein Laubwald? Ein Tannenwald im Gebirge? Ein Märchenwald wie in einem Fantasyfilm? Und was ist mit dem Mädchen? Ist sie fünf oder 15 Jahre alt? Was hat sie an? Was singt sie für ein Lied? Und für wen?

Blitzschnell werden alle diese Fragen während des Lesens beantwortet und zu einem Bild und einem Gefühl zusammengefügt. Und wenn du 100 verschiedene Leserinnen hast, hast du 100 verschiedene Variationen der gleichen Szene.

Beim Schreiben ist es unsere Aufgabe, so viel zu sagen, dass das Vorstellungsvermögen unserer Leser ausreichend angeregt wird, um sie durch die Geschichte zu führen – aber doch nicht zu viel Überflüssiges, damit genug Platz für sie bleibt, ihre eigene Fantasiewelt zu erschaffen. Um mit Wörtern entsprechend balancieren zu können, brauchen wir viel Erfahrung, und die bekommen wir vor allem dadurch, dass wir viel lesen und möglichst auch Bücher vieler verschiedener Autoren und Genres lesen.

Praxisübung: Analytisch lesen – Wörter sammeln

Ein wichtiger Teil eines Klavierstudiums besteht darin, sich Aufnahmen und Konzerte verschiedener professioneller Pianisten anzuhören. Learning by listening. Musiker können sehr viel lernen, wenn sie Profis zuhören beziehungsweise ihnen über die Schulter schauen. Bei Autoren ist das auch nicht anders: Learning by reading ist eine sehr effektive Methode, um den eigenen Horizont zu erweitern. »Lesen, lesen, lesen« – das ist einer der wichtigsten Schreibtipps, den du immer im Kopf haben solltest. Normale Leute lesen, um sich ein wenig Ablenkung, Unterhaltung oder Inspiration zu verschaffen. Aber für uns Schreibende ist jede Minute, die wir unsere Nase in Bücher stecken, gut investierte Trainingszeit. Dabei erweitern wir unseren Wortschatz, erkennen, wie andere mit Worten und Sätzen umgehen und entdecken, wie viele unterschiedliche Möglichkeiten es gibt, Wörter zu benutzen, um ähnliche Dinge zu sagen.

Diese Übung erfordert ein wenig Konzentration, aber du kannst dabei viel lernen. Wähle einen Roman in Buchform, also nicht als E-Book. Am besten ein abgegriffenes Taschenbuch, in das du guten Gewissens hineinkritzeln kannst. Idealerweise sollte es ein erfolgreicher Roman sein, der viele Leser gefunden hat. Nimm dann drei Textmarker in unterschiedlichen Farben, zum Beispiel rot, grün und blau, schlage das Buch an irgendeiner Stelle auf und lies zwei oder drei Seiten mit analytischem Blick:

- *Markiere Actionstellen rot – also alle Stellen, wo etwas passiert, wo starke Verben benutzt werden, wo Bewegung stattfindet.*

Hier ein paar Beispiele: Joe *schlug* die Tür zu; sie *lief* ums Haus und *kletterte* schließlich durchs offene Fenster; er *drehte sich* ruckartig um; Kevin *zog* den Revolver; Karen *atmete* tief durch ...

- *Markiere Gefühle und Stimmungen grün – also alle Stellen, in denen die Gefühle der Figuren oder ihr Gemütszustand ausgedrückt werden.*

Zum Beispiel: Sonja sah ihm *liebevoll* in die Augen; er war so *erschöpft*, dass er seit Wochen auf dem Sofa lag; Tom *ließ die Schultern sinken*; die *Angst* nahm ihr die Luft; er *lächelte* seinen Sohn an; »Hör sofort damit auf«, *schrie sie wütend*; heute bin ich einfach *froh*, hier zu sein ...

- *Markiere Beschreibungen von Orten, Menschen, der Umgebung und Details blau – also alle Stellen, die sich auf das beziehen, was die Figuren und das »Bühnenbild« beziehungsweise die Location äußerlich beschreibt.*

Zum Beispiel: Sie konnte *noch keine 20* sein; ihre *kastanienbraunen Haare* fielen ihr *bis auf die Taille*; Ben ging nie ohne *Sonnenbrille* aus dem Haus; der *matschige Waldboden*; die *Sonne* brannte gnadenlos auf den *Asphalt*; *Gewitterwolken* türmten sich auf; mit seinen *90 Jahren* war Samuel so *klapprig*, dass er von zwei Pflegerinnen gestützt werden musste; die *Kirche* ähnelt einer *Alpenkapelle ...*

Natürlich gibt es noch viele andere Elemente in einem Roman – zum Beispiel Stellen, in denen Gedanken des Icherzählers, Hintergrundinformationen oder allgemein erzählende Fakten wiedergegeben werden. Wichtig ist in der oben beschriebenen Übung aber nur, sich einmal auf die drei Elemente Action, Gefühle und Beschreibung von Äußerlichkeiten zu konzentrieren, die die Säulen jedes Romans sind. Auch wenn du Texte nicht mit »Röntgenblick« liest, wirst du viel daraus lernen, da dein Unterbewusstsein eine Menge abspeichert, was dir später beim Schreiben zugutekommt. Analytisch zu lesen ist daher vor allem etwas für zwischendurch und natürlich nichts, was du dauernd tun solltest.

Praxisübung: Wort-Mindmap

Diese Übung hilft dir, deinen Gedankenfluss anzuregen. Sie entwickelt deine Fähigkeit, Assoziationen herzustellen und auch kreativ mit Wörtern umzugehen.

Schritt 1: Lege ein großes Blatt vor dich auf den Tisch. Schreibe in die Mitte des Blattes einen Begriff – sagen wir zum Beispiel »Rose«. Nun schreibst du rechts und links über und unter dem Wort Rose jeweils einen weiteren Begriff, der dir spontan einfällt – oder du gehst vom Allgemeinen zum Konkreten. Verbinde die neuen Worte mit einem Strich oder Pfeil mit dem Ausgangswort. Jeder der vier Begriffe wird nun zum Ausgangspunkt für den nächsten Begriff ... und so kannst du immer weitermachen, bis du ein Feld mit vielen miteinander verbundenen Begriffen hast. Dies ist eine hervorragende Methode, wenn man beim Schreiben mal stecken bleibt oder in die Tiefe gehen will.

Schritt 2: Schau dir nun jedes Wort noch einmal an, schließe die Augen und lass ein kurzes Bild oder eine Szene vor deinem inneren Auge entstehen. Beispielsweise kann der Begriff »Hochzeit« eine Erinnerung an eine Hochzeit wecken, an der du teilgenommen hast, vielleicht sogar an deine eigene; du kannst an einen Filmausschnitt denken oder dir einfach ein Bild vorstellen, wie Braut und Bräutigam in der Kirche stehen oder wie die Gäste auf dem Vorplatz Sekt trinken ... Worte, Bilder, Gefühle und Szenen ineinanderfließen zu lassen, ist eine wichtige Fähigkeit, die dir beim Schreiben immer wieder helfen wird.

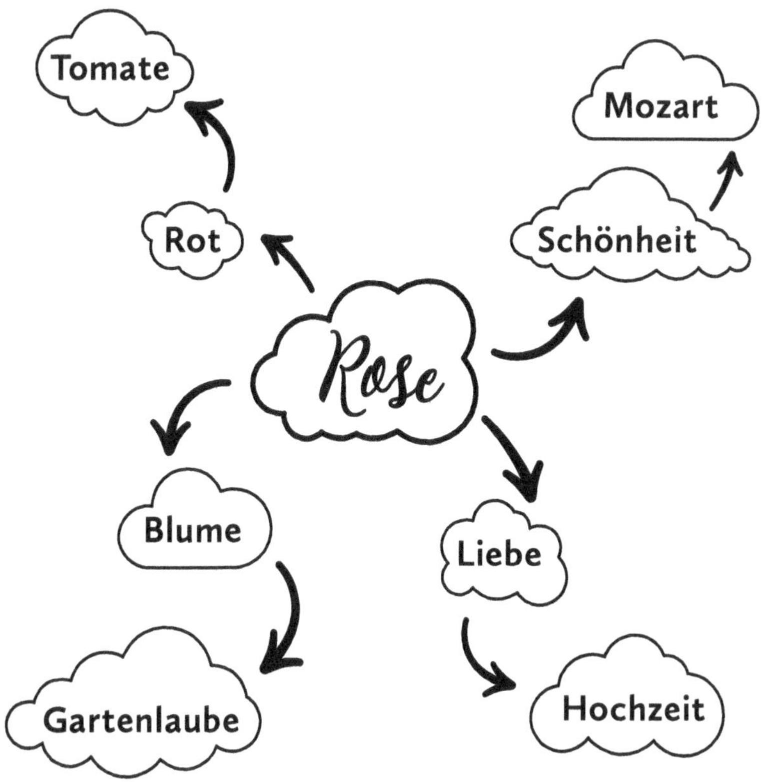

Motivation, die aus dem Herzen kommt

Ohne Motivation geht im Leben gar nichts. Wenn du nicht motiviert bist, dir Butter und Marmelade aus dem Kühlschrank zu holen, musst du trockenes Brot essen. Der Begriff »Motivation« leitet sich vom lateinischen Verb »movere« ab: »bewegen«, »antreiben«. Deine Motivation sorgt dafür, dass du in Bewegung kommst. Mit Sport hat das aber nichts zu tun. »Bewegung« heißt nur, dass du irgendetwas tust, und sei es nur, dich in den Schaukelstuhl zu setzen.

In Büchern, Vorträgen und Seminaren, in denen es um Selbstoptimierung geht, wird ein Riesentrara um das Thema Motivation gemacht, dabei ist Motivation letztlich etwas sehr Banales: Du stehst vom Sofa auf und setzt dich an den Schreibtisch – weil du motiviert bist. Du schaltest den Computer an und öffnest das Dokument, an dem du gerade arbeitest – weil du motiviert bist. Nach 5 Minuten hast du keine Lust mehr, machst den Computer wieder aus, gehst in die Küche und verschlingst eine Tafel Schokolade. Und wieder ist deine Motivation im Spiel, nur dass sie dich diesmal in eine Richtung bewegt, die dich deinem Ziel, ein Buch zu schreiben, kaum näher bringen dürfte, dafür aber der Befriedigung deines Heißhungers. Immer wenn du also denkst »ich will«, »ich werde jetzt«, »ich habe Lust« oder »ich muss«, ist das ein Ausdruck deiner Motivation.

Motivation ist an sich weder gut noch schlecht, sondern neutral. Sie ist lediglich der Anlasser, der den Motor zum Laufen bringt, und am Ende kommt es nur darauf an, wohin die Fahrt geht. Selbst wenn du nichts über Motivation weißt, handelst du doch immer aufgrund einer Motivation. Um beim Schreiben weiterzukommen, ist es wichtig, sich seiner Motive bewusst zu werden und sie achtsam zu beobachten.

Um hin und wieder ein paar Zeilen zu verfassen, kommst du mit einem Minimum an Motivation aus. Willst du aber ein ganzes Buch schreiben oder deinen Roman fertigstellen, dann brauchst du ein Mindset, das dich dauerhaft in Bewegung hält, das deine Motivation verstärkt und aufrechterhält. Und das klappt nur, wenn du eine klare Vorstellung von deinem Ziel hast – und zwar eine möglichst angenehme Vorstellung. Was dir helfen wird, dein Ziel zu erreichen, ist ein inneres Bild, das Gefühle der Freude und Begeisterung weckt. Beispielsweise kannst du dich selbst in der Zukunft visualisieren, wie du dein fertiges Buch in der Hand hältst oder wie es in Stapeln in den Buchgeschäften liegt.

Ein klares Bewusstsein von deinem Ziel und die regelmäßige Visualisierung des Zielzustands sind effektive Mittel, um dich dauerhaft zu motivieren. Und dabei gibt es noch einen kleinen Mentaltrick: Mache das innere Bild, den Traum, in dem du dich selbst als Bestsellerautor*in siehst, in deiner Vorstellung möglichst groß, hell und bunt.

Schmerz oder Glück – was treibt dich an?

Es gibt zwei grundlegende Motivationsstrategien, die häufig als »Hin-zu-Motivation« und »Weg-von-Motivation« bezeichnet werden. Sie entsprechen dem Überlebensprogramm unseres Gehirns, das sehr darum bemüht ist, Schmerz zu vermeiden und Freude zu suchen. Dieses Programm ist an sich sehr intelligent.

Wenn du deinen Finger in kochendes Wasser tunkst, wird dein Gehirn dir befehlen, ihn da bitte schleunigst wieder rauszuziehen – eine typische Form der »Weg-von-Motivation«. Sitzt du hingegen im Flugzeug auf dem Weg in die Karibik mit Flip-Flops im Gepäck, dann folgst du deiner »Hin-zu-Motivation«.

Es ist wichtig, sich dieses Prinzip bewusst zu machen, denn es spielt auch fürs Schreiben eine große Rolle. Die Art, wie du dich bei der Arbeit an deinem Buch fühlst und wie du beim Schreiben vorankommst, hängt stark von der Art deiner Motivation ab. Wenn du schreiben *musst*, weil du zum Beispiel Journalistin bist und davon lebst, Texte rechtzeitig abzuliefern, wirst du eher von der »Weg-von-Motivation« angetrieben: Du willst *keine* Kritik einstecken müssen, du willst bei deinen Vorgesetzten *nicht* in Ungnade fallen, du willst *nicht* versagen und erst recht willst du *nicht* deinen Job verlieren. Die Ursache für diese Art der »negativen« Schmerz-Motivation liegt immer darin, dass wir etwas vermeiden wollen und auf einer tieferen Ebene Angst empfinden – wir sagen innerlich »*Nein – das will ich nicht«*. Bei allem, was du hingegen tun *willst*, weil es dir Spaß macht, weil du Freude und Befriedigung dabei empfindest und dich dadurch lebendig fühlst, folgst du der »positiven« Glück-Motivation. Dabei sagst du innerlich *»Ja – das möchte ich.«* Und nun rate mal, welche Art der Motivation dich eher zu deinem Ziel führt, authentisch zu sein, deine Achtsamkeit zu entwickeln, dein kreatives Potenzial zu wecken und ein schönes Buch zu schreiben ...

Lass dich von deinem Traum begeistern

Du bist vom Schreiben nicht finanziell abhängig. Du musst nicht schreiben, um deine Familie zu ernähren. Du hast keine von außen aufgezwungene Deadline – zumindest gehen wir mal davon aus. Vielleicht schreibst du zwar *auch*, um Geld zu verdienen, aber das geht nicht auf die Schnelle. Bis ein Buch erscheint und die Vermarktungsmaschinerie anläuft, dauert es oft ewig, und nur mit Glück bringt das Ganze dann auch wirklich etwas ein.

Falls du schnell und dringend Geld brauchst, wird dir fürs Erste sicher etwas anderes einfallen – jedenfalls hoffen wir das für dich, denn aufgrund äußerer Zwänge zu schreiben, ist eine traurige Sache. Schreiben kann so viel mehr: Es kann zu einem Weg für dich werden, deinen Träumen nachzuspüren und diese Träume in Wirklichkeit zu verwandeln. Durch die Arbeit an deinem Buch kannst du dich wieder mit deinen Gefühlen verbinden, dein inneres Kind umarmen und mit deiner spirituellen Quelle in

Kontakt treten. Vor allem kannst du durch das Schreiben lernen, wieder mehr auf die leise Stimme deines Herzens zu hören. Tief in deinem Inneren weißt oder ahnst du das auch. Und dann wird es sehr wahrscheinlich deine Begeisterung sein, die dich zum Schreiben motiviert, was das Beste wäre, was dir passieren kann.

»*Nichts Großes ist je ohne Begeisterung geschaffen worden*«, schrieb Ralph Waldo Emerson. Begeisterung ist der Turbo unter den Motivationsmotoren. Für Menschen, die sich von ihrer Begeisterung leiten lassen, gibt es kein Halten, keine Grenzen.

Begeisterung ist ein seltenes Gut. Wann trifft man schon mal Leute, die von ihrer Sache wirklich begeistert sind? Wenn wir sie aber einmal treffen, merken wir schnell, dass die Kraft der Begeisterung ansteckend ist. Autoren, die von ihrem Buch begeistert sind, haben sehr viel bessere Chancen auf Erfolg. Wir glauben sogar, dass es kaum einen Bestseller gibt, der nicht aus Begeisterung für ein Thema, eine Geschichte oder zumindest eine interessante Ausgangssituation entstanden ist.

Begeisterungsfähigkeit ist teilweise sicher Begabung beziehungsweise Typsache. Aber wie so viele andere Dinge, von denen man meint, dass sie Typsache wären, ist Begeisterung eine Fähigkeit, die jeder von uns entwickeln kann. Hier ist ein kleines »Trainingsprogramm«, das dir hilft, deine Begeisterung zu wecken:

- *Träume! Pflege die Kunst des Tagträumens. Setz dich irgendwohin, wo du etwas Ruhe hast, schließe die Augen und trau dich, dir eine fantastische Zukunft zu erträumen. Lasse bunte innere Bilder entstehen: Sieh dich über dein Manuskript gebeugt sitzen; sieh dich, wie du im Café in dein Notizbuch schreibst, wie du Reisen machst oder Leute triffst, die dich inspirieren; visualisiere, wie du ein druckfrisches Exemplar deines fertigen Buches im Briefkasten findest … Lass dich von deinem Traum begeistern.*

- *Finde den Sinn in dem, was du tust. Schreiben ist eine sehr sinnvolle Tätigkeit. Schreiben gibt dir selbst Sinn, hilft dir, deine Werte klarer zu erkennen und ist ein Geschenk an deine Leser, die sich durch deinen Text entspannen, ihre Probleme eine Weile vergessen, sich anregen oder inspirieren lassen können. Mache dir den Wert deiner Arbeit immer wieder bewusst – gleich morgens, wenn du aufwachst und abends, bevor du einschläfst.*

- *Entdecke die Freude an deinem Tun. Begeisterung ist der Anfangsimpuls, der dann in Freude übergehen sollte. Begeisterung gibt dir immer wieder einen Kick, Freude kann dir jedoch auch über sehr lange Strecken beständig Energie schenken. Die Freude entdeckst du umso schneller, je mehr du in die Welt der Bilder, Gefühle und Geschichten eintauchst und je mehr du dich für die Schönheit und Magie der Worte zu interessieren beginnst.*

Wahrscheinlich weißt du ja längst, was für ein Buch du schreiben willst, und vielleicht sitzt du bereits eine ganze Weile dran. Falls das aber nicht so ist, solltest du deinem Traum ein wenig »Futter« geben. Manchmal brauchen Träume eine kleine Geburtshilfe, damit sie die Kraft der Begeisterung in dir entfachen können. Nimm dir dazu etwas Zeit und wenn du magst ein Blatt Papier, um zu erforschen, wohin dein Herz dich zieht:
Was willst du schreiben?

Was wäre dein ultimatives Buch, mit dem du dich zu hundert Prozent identifizieren könntest? Wäre es ein Roman, ein Kurzgeschichtenband? Oder vielleicht eine Gedichtsammlung? Ein Kinderbuch? Aber womöglich gibt es ja auch ein Thema, das dir auf der Seele brennt und für das die Form eines Sachbuchs oder Ratgebers ideal wäre ...

Wirf mal einen Blick auf die Bücher, die du am liebsten liest: Sind es Krimis, Thriller, Liebes-, Fantasy- oder historische Romane? Gibt es bestimmte Autorinnen, die es dir besonders angetan haben und deren Stil du liebst? Dass du etwas gern liest, heißt übrigens *nicht*, dass du *unbedingt* auch so etwas schreiben solltest. Doch was du gern liest, zeigt dir sehr genau, was du fühlst und was deine Werte sind.

Indem du dir notierst, was dir spontan dazu einfällt, kommst du deinem Ziel – oder besser noch deiner Vision – schrittweise näher. Vertraue deiner Intuition. Vertraue deinem Bauchgefühl, denn so findest du am schnellsten heraus, worum es dir wirklich geht und worin deine Aufgabe besteht. Ja – du hast richtig gelesen: Es wird oft übersehen, aber wer ein Buch schreibt, erfüllt immer auch eine *Aufgabe*.

Das kann eine äußere sein – die Verantwortung, die du gegenüber deinen hungrigen Lesern hast –, aber immer ist es eine innere – die Verantwortung, die du gegenüber deinem eigenen Potenzial und deinem inneren Wachstum hast.

Drei Schritte zum Erfolg

Unser Schicksal hängt nicht von den Sternen ab, sondern von unserem Handeln. William Shakespeare

Ganz egal, was deine Beweggründe sind und ob du nun für andere oder für dich selbst schreibst – am Ende willst du natürlich das fertige Manuskript in den Händen halten.

Die Strecke, die du dafür zurücklegen musst, wird nicht immer ein Spaziergang sein. Manchmal geht es langsam und entspannt durch die Ebene, aber an einigen Stellen geht es auch mal steil bergauf, und zuweilen versperren dir große Felsbrocken den Weg. Auch wenn du das wahrscheinlich oft ätzend findest, ist es im Grunde gut so, da wir nur wachsen können, wenn wir uns darin üben, Hindernisse zu überwinden.

Damit es aber nicht zu viele Hindernisse gibt und die Widerstände nicht übermächtig werden, solltest du jede Abkürzung nutzen, die sich dir bietet. Und eine der effektivsten Methoden, die dich zum Erfolg führt, besteht darin, in drei Schritten vorzugehen, wobei der letzte Schritt sich wiederum in viele kleine Schritte unterteilt:

1. Entscheide!
Bestimme dein Ziel und entscheide: Wenn du nicht weißt, wohin die Reise gehen soll, brauchst du gar nicht erst loszufahren. Über Ziele haben wir ja bereits gesprochen. Du findest sie, indem du deine Werte und Träume ernst nimmst. Und deine Begeisterung verrät dir, wenn du nicht nur ein Ziel, sondern dein Herzensziel verfolgst, denn die Begeisterung ist die Stimme deiner Authentizität. Du kannst nicht von etwas begeistert sein, das du nur tust, um anderen zu gefallen.
Sobald du weißt, was du willst, musst du dich bewusst entscheiden: »Ich will und ich werde das schreiben!«

2. Handle!
Dass es schwer bis unmöglich ist, ein Buch zu schreiben, kannst du nur so lange glauben, solange du nicht einfach die ersten Schritte gehst und ins Handeln kommst. Luftschlösser sind schnell gebaut, aber um ein richtiges Schloss zu bauen – eins, in dem man leben kann –, musst du die Ärmel hochkrempeln. Aber zum Glück brauchst du weder Ziegel noch Mörtel. Ein Buch zu schreiben ist viel einfacher. Wenn du am Computer tippst oder den Stift vernünftig hältst, musst du dir dabei noch nicht einmal die Finger schmutzig machen. Aber schreiben – das musst du. Und je öfter und regelmäßiger, desto besser, denn am Ende sind es immer deine Beharrlichkeit und deine Ausdauer, die es dir ermöglichen werden, dein Ziel zu erreichen. Ein Buch zu schreiben ist kein Sprint, sondern ein Marathonlauf. Entwickle daher vor allem die Muskeln, die du für Ausdauerleistungen brauchst.

3. Mach's dir easy!

Auch eine Reise von 1 000 Meilen beginnt mit einem einzigen Schritt – und zwar am besten mit einem sehr kleinen Schritt. Je größer das Projekt ist, das du in Angriff nimmst, desto wichtiger ist es, die lange Strecke in kleine Abschnitte zu unterteilen. Wer auf den Mount Everest will, muss seine Etappen sehr genau planen, und wer sich zu viel auf einmal vornimmt, wird den Gipfel nie erreichen. Wenn du ein Buch schreiben möchtest, das ein paar Hundert Seiten dick ist, wirst du damit nur erfolgreich sein, wenn du dir die Philosophie der kleinen Schritte zunutze macht.

Mach's dir easy. Was immer dein nächster Schritt sein mag, um an deinem Buch zu arbeiten – er muss so einfach sein, dass du genau weißt, dass du ihn ohne Probleme gehen kannst. Auf diese Weise überlistest du deinen Geist, senkst dein Stresslevel, löst innere Widerstände auf und vermeidest Schreibblockaden. Wenn du genau weißt, dass das, was du vorhast, machbar, ja dass es sogar ganz einfach ist, bleibst du motiviert und mit Energie bei der Sache. Gerade in Zeiten, wo es dir nicht so gut geht, wo du an dir zweifelst oder dich erschöpft fühlst, ist weniger auf jeden Fall mehr.

Wie kannst du dein großes Ziel, ein Manuskript fertig zu schreiben und womöglich zu veröffentlichen, in kleine Teilziele zerlegen? Dazu gibt es mehrere Möglichkeiten:

- *Begrenze die Zeit. Nimm dir zum Beispiel vor, nicht länger, aber eben auch nicht kürzer als 30 Minuten am Stück zu schreiben.*

- *Begrenze den Umfang. Nimm dir vor, eine bestimmte Mindestanzahl von Seiten pro Tag zu schaffen. Eine Seite pro Tag sind auch schon 365 Seiten pro Jahr! Aber setze dir unbedingt ein realistisches Pensum.*

- *Erledige eine bestimmte, klar definierte Aufgabe. Wenn du beispielsweise für einen historischen Roman recherchierst, nimm dir vor, etwas Konkretes zu recherchieren: Bei einem Buch über Johann Sebastian Bach zum Beispiel könnte das sein, den Familienstammbaum aufzustellen.*

- *Unterteile Kapitel in kleine Szenen. Nimm dir vor, immer nur an einer Szene zu arbeiten. Am besten sind die Szenen so klein, dass du dir eine Szene als Tagespensum vornehmen kannst.*

Wenn du dein Teilziel erreicht hast oder wenn du wirklich gar nicht weiterkommst, kannst du immer noch Kleinigkeiten erledigen, die zum Schreiben gehören:

- *Recherchiere. Lies oder schau dir Dokus an, die mit deinem Thema zu tun haben – auch das ist nämlich Arbeit an deinem Buch. Manchmal sogar die wichtigste.*

- *Mach dir kleine Notizen – zu einer Idee, zu einer Figur, einer Location oder zu deinem Plot.*

- *Produziere Müll. Schreibe ungehemmt drauflos, wohl wissend, dass das jetzt erst mal nicht toll wird. Später kannst du dann am Text schleifen und Müll in Gold verwandeln. Aber das ist wieder ein eigener Schritt – der erste besteht darin, ohne große Erwartungen zu schreiben.*

- *Schreibe nur in Stichpunkten. Notiere in sehr grober Form, was im nächsten Kapitel passieren soll – dabei genügen schon zwei oder drei Sätze. Diese Notizen kannst du dir übrigens auch unterwegs machen, beispielsweise im Café oder im Liegestuhl …*

- *Ein anderes Schrittchen auf dem Weg zum fertigen Buch besteht darin, den Text zu formatieren, die Schriftart, den Zeilenabstand oder die Überschriftenformate einzustellen.*

Egal, was du dir als Nächstes vornimmst, es muss nur so einfach erscheinen, dass du nicht den geringsten Zweifel daran hast, dass du diesen kleinen Schritt schaffen wirst.

»Ich habe kein Talent ...« – Vom mitfühlenden Umgang mit dem inneren Kritiker

Wenn's ums Schreiben geht, wenn es darum geht, dein Potenzial zu entdecken, wenn es darum geht, ganz du selbst zu sein und dir zu vertrauen oder darum, erfolgreich zu sein, dann gibt es auf der ganzen Welt nur einen einzigen Menschen, der dir dabei im Weg stehen kann: Du selbst! Oder, genauer gesagt, deine Gedanken beziehungsweise dein Mindset.

Dein Denken bestimmt deine Welt. Was immer du erlebst, wie du dich fühlst und ob du deine Ziele verwirklichst oder nicht – das alles hängt unmittelbar von deinem Geist ab, davon, was du von der Welt glaubst und was du von dir selber glaubst. Buddha sagte einmal, dass uns kein Feind so gefährlich werden kann, wie unsere eigenen Gedanken. Und es stimmt: Dein Denken kann dich in depressive Zustände stürzen und dich sogar körperlich krank machen – oder es kann dich zu einem glücklichen, dankbaren und zufriedenen Menschen machen. Das ist bei jedem so, aber gerade Künstlerinnen, die ja sehr sensibel sind, bekommen das oft besonders stark zu spüren.

Warum scheitern so viele Menschen, die gern schreiben würden und an sich auch das Zeug dazu hätten, oft schon auf den ersten Seiten? Was kommt ihnen da in die Quere? Haben sie plötzlich zu wenig Zeit? Sind sie ernsthaft krank geworden oder ist ihr Computer kaputtgegangen?

Nein, das passiert nur sehr selten. Nicht der Computer ist es, der spinnt, sondern die »Software«; der Fehler liegt in unserem Bewusstsein oder, genauer gesagt, in dem, was wir von uns selbst denken. Das Problem liegt in unseren Glaubenssätzen.

Glaubenssätze sind mentale Muster – Vorannahmen, oder man könnte auch sagen Vorurteile. Das können Vorannahmen über unsere Mitmenschen sein (»Man muss misstrauisch sein.«), Tätigkeiten (»Fußball ist doof.«), Dinge (»Besitz macht glücklich.«) und auch über uns selbst (»Das kann ich nicht.«, »So bin ich nun einmal.«). Jeder von uns hat solche Glaubenssätze – und das meistens schon seit der Kindheit, denn meist wurden sie uns durch die Meinung unserer Eltern, Lehrer, Freunde und der Gesellschaft, in der wir leben, »einprogrammiert«. Am leichtesten erkennst du diese automatisch auftauchenden Glaubenssätze, die dein Handeln, Denken und Fühlen beeinflussen, wenn du deine Selbstgespräche achtsam beobachtest.

Zum Problem werden Glaubenssätze, wenn sie negativ sind, dich runterziehen und dich in deinen Möglichkeiten behindern. Diese negativen Glaubenssätze können aus den begabtesten Menschen hoffnungslose Versager machen. Sie können nicht nur jegliches Potenzial im Keim ersticken, sondern rauben dir auch deine Lebensfreude.

Hier sind einige typische Glaubenssätze – vielleicht kommt dir der eine oder andere ja bekannt vor …

- *Ich habe kein Talent.*

- *Mir fällt sowieso nie was ein.*

- *Für jemanden, der ein Buch schreiben will, bin ich zu ungebildet.*

- *Ich bin zu faul, um ein Projekt durchzuziehen.*

- *Alles, was ich anfange, geht schief.*

- *Ist ja doch nur alles Mist, was ich mache.*

- *Egal, was ich schreibe, ich werde es ohnehin nie irgendwo unterbringen.*

- *Ich bin nicht kreativ genug und eher langweilig.*

»Glaube nicht alles, was du denkst« – bestimmt hast du diesen Spruch schon gelesen. Das Problem ist nur, dass du dir nicht ohne Weiteres aussuchen kannst, was du denkst, geschweige denn, was du glaubst. Glaubenssätze sind hartnäckig. Kein Wunder, du »trainierst« sie ja schon seit vielen Jahren ein – auch wenn dir das wahrscheinlich gar nicht bewusst ist. Und gerade die ständige Wiederholung ist es, die Glaubenssätze so fatal macht. Es ist, als würdest du täglich ein großes Stück Sahnetorte zusätzlich essen. An einem Tag ist das ja kein Problem. Selbst wenn du das drei Tage hintereinander machst. Es dauert eine ganze Weile, aber früher oder später wirst du es merken, auch wenn du nicht zu den Leuten gehörst, die sich täglich auf die Waage stellen. Nach ein paar Wochen ist der Effekt deutlich sichtbar. Und wie würde es wohl erst nach ein paar Jahren aussehen?

Und was jetzt? Was kannst du dagegen tun, dass belastende Glaubenssätze dich daran hindern, dein Ding zu schreiben? Tja, so wie's aussieht, hast du jetzt genau zwei Möglichkeiten: Entweder du änderst nichts und lebst damit, dir von deinen »inneren Affen« ständig negative Glaubenssätze einflüstern zu lassen – oder du nützt eine Methode wie die, die wir dir im Folgenden zeigen wollen:

Praxisübung: Einschränkende Glaubenssätze erkennen und umprogrammieren

Um die Software in deinem Gehirn umzuprogrammieren, solltest du in vier Schritten vorgehen:

Schritt 1 – Erkennen. Selbsterkenntnis ist bekanntlich der erste Schritt zur Besserung. Und tatsächlich geht es erst einmal darum, negative Denkmuster überhaupt zu erkennen, denn solange du den »Feind« nicht siehst, kannst du dich auch nicht zur Wehr setzen.

Was, glaubst du, sind die Top 3 unter deinen behindernden Glaubenssätzen? Das kannst du nur herausfinden, wenn du dir selbst beim Denken zuschaust. Achtsamkeit hilft dir dabei, aber leicht ist es trotzdem nicht. Darum schränken wir das Ganze ein bisschen ein: Beobachte deine Gedanken in Situationen, in denen du unzufrieden mit dir bist und den Computer zum Beispiel frustriert ausschaltest oder ihn gar nicht erst einschaltest. Vor allem, wenn du dich immer wieder in Situationen gestresst fühlst, die sich oft wiederholen, hast du es sehr wahrscheinlich mit negativen Voranahmen zu tun.

Versuche, zwei bis drei Glaubenssätze zu konkretisieren, die dahinterstecken. Sie könnten zum Beispiel so lauten:

- *»Die anderen können das besser als ich.«*
- *»Aus mir wird nie etwas.«*
- *»Es ist zu schwer und aussichtslos.«*

Natürlich werden es bei dir wahrscheinlich ganz andere Glaubenssätze sein. Sobald du jedoch einen »erwischt« hast, solltest du ihn aufschreiben. Notiere dir eine kleine Liste mit deinen Lieblingsmiesmachern. Wähle davon vorerst einen Satz aus und gehe dann zum nächsten Schritt.

Schritt 2 – Ehrlich wahr? Jetzt hast du einen Satz auf dem Papier stehen, das vor dir liegt – nehmen wir beispielsweise mal an: *»Es ist zu schwer und aussichtslos.«*

Hinterfrage nun diesen Glaubenssatz: Stimmt das wirklich? Bist du ganz sicher? Gibt es jemanden, der dir hundertprozentig garantieren kann, dass Schreiben grundsätzlich schwer ist und dass du keine Chance hast? Ehrlich?

Indem du deine Glaubenssätze auf ihren Wahrheitsgehalt hin überprüfst, wirst du schnell merken, dass sie ins Wackeln geraten. Auch Glaubenssätze sind nur Gedanken – leichter als Luft und genauso leicht wegzublasen, wenn du mal wirklich zu pusten beginnst.

Schritt 3 – Es könnte auch ganz anders sein. Im dritten Schritt gibst du dir die Erlaubnis, die Dinge einmal ganz anders zu sehen. Erweitere dein Blickfeld. Sammle Gegenargumente und mache dir deine Ressourcen bewusst. Gibt es Autoren, denen das Schreiben leichtfällt? Gab es vielleicht sogar Augenblicke in deinem Leben, als auch dir die Worte mühelos aufs Papier geflossen sind? Und sei's auch nur während einiger Sätze? Oder während du einige Notizen auf dem Sofa gemacht hast?

Und wer sagt eigentlich, dass es aussichtslos ist, zu schreiben? Die Statistik? Statistiken lügen bekanntlich, da sie viele Faktoren nicht berücksichtigen (können), die über Erfolg und Misserfolg entscheiden. Und daran, dass jedes Jahr ein Haufen neuer Bücher erscheint, siehst du ja, dass es ganz und gar nicht aussichtslos ist, sein Buch in die Buchläden zu bekommen. Und erst recht ist es nicht aussichtslos, sein Schreiben zu verbessern, denn Schreiben ist nicht zuletzt Handwerk, und Handwerk lässt sich lernen.

Schritt 4 – Die neue Software. Schon in den alten Yogaschriften, den Yogasutras des Patanjali, wird erwähnt, dass wir negative Zustände durch »die Konzentration auf die Gegenkraft« überwinden können. Das heißt zum Beispiel, dass es hilfreich ist, sich auf Vertrauen zu fokussieren, wenn man häufig unter Ängsten leidet. Im Prinzip funktioniert so auch das Positive Denken. In der Praxis funktioniert Positives Denken allerdings leider oft sehr schlecht. Das liegt zum einen daran, dass es nicht reicht, seine Gedanken zu ändern, wenn man es nicht schafft, zugleich auch seine Gefühle mit auf die Reise zu nehmen. Zum anderen liegt es daran, dass wir dabei oft über das Ziel hinausschießen. Dazu ein Beispiel: Angenommen, einer deiner negativen Glaubenssätze lautet: *»Andere machen alles besser als ich«*, dann wäre es keine gute Idee, ihn durch: *»Ich mache alles besser als andere. Ich bin die/der Beste«* zu ersetzen. Das glaubt dir nämlich keiner – nicht mal du selbst. Und somit würde daraus auch kein neuer Glaubenssatz werden. Viel wirkungsvoller ist es, eine moderate Formulierung zu finden – nicht das eine Extrem, aber auch nicht das andere, sondern etwas, das dazwischen liegt, der Wahrheit entspricht und sich daher auch viel leichter in dein Unterbewusstsein einprogrammieren lässt. So ein Satz könnte zum Beispiel lauten: *»Manches machen andere besser, aber es gibt auch vieles, was ich gut kann. Ich vertraue meiner Fähigkeit, die ich ständig weiterentwickeln werde.«*

Dieser Satz ist keine oberflächliche Affirmation, sondern eine positive Botschaft an dein eigenes Bewusstsein. Sie wird umso schneller zu einem neuen Glaubenssatz werden, je öfter du dich daran erinnerst, was dir in deinem Leben bisher schon alles gelungen ist. Und jede Wette, dass das eine ganze Menge ist.

Den inneren Kritiker zum Tee einladen

Es sind nicht nur einschränkende Glaubenssätze, die uns das Schreiben schwer machen, sondern auch unser innerer Kritiker. Während Glaubenssätze eingefahrene Denkgewohnheiten mit konkretem Inhalt sind, ist der innere Kritiker eher ein Meckerfritze, der ständig etwas auszusetzen hat. Doch ebenso wie negative Glaubenssätze gibt er uns das Gefühl, dass wir nicht in Ordnung sind – beziehungsweise dass das, was und wie wir etwas machen, nicht in Ordnung ist. Bestimmt kennst du diese leise Stimme in deinem Hinterkopf, die immer etwas auszusetzen hat. Sie sagt zum Beispiel Dinge wie: »Was schreibst du denn da für einen Quatsch!« »Sei nicht immer so faul.« »Stell dich nicht so dumm an.« »Das ist noch nicht gut genug.« »Du solltest ein ganz anderes Buch schreiben, dieses Thema liegt dir nicht.«

Dein innerer Kritiker hat immer etwas zu meckern. Kein Wunder, dass er ganz schön nerven kann. Ein Lieblingsthema deines inneren Kritikers ist Perfektion. Für ihn muss alles perfekt sein. »Deine Story ist noch nicht spannend genug.« »Es reicht nicht, ein paar Seiten zu schreiben, das Kapitel muss jetzt endlich fertig werden.« »Lies mal bei der Autorin XY nach – da siehst du, wie man so etwas richtig macht.« … Blablabla.

Die ständigen Einwände, die unser innerer Kritiker vorzubringen hat, sind nicht gerade dazu geeignet, unser Selbstbewusstsein und unser Vertrauen zu stärken. Im Gegenteil: Dein innerer Kritiker ist ein Experte darin, deine Selbstzweifel zu nähren. Selbst erfahrene Profis sind davor nicht sicher. Stephen King sagte einmal: *»Bei jeder Story, die ich schreibe, fürchte ich mich davor, zu versagen – davor, keine Idee mehr zu haben oder meine Ideen nicht zu Ende führen zu können.«*

Manchmal wird es dir wahrscheinlich gelingen, deinen inneren Kritiker zum Schweigen zu bringen, indem du dich zum Beispiel auf deine Arbeit fokussierst. Oder indem du dir zwischendurch etwas Zeit nimmst, um dich wieder achtsam mit deinem Körper zu verbinden (siehe S. 76, Kapitel »Achtsam schreiben«, Praxisübung: Aufrecht und entspannt). Oft wird das allerdings auch nicht gelingen, und die beste Art, mit deinem inneren Kritiker umzugehen, besteht langfristig darin, Frieden mit ihm zu schließen und deine Achtsamkeit zu Hilfe zu rufen.

Auf den Wellen reiten

Immer dann, wenn du mit deiner Willenskraft nicht mehr weiterkommst, solltest du umkehren und die entgegengesetzte Richtung einschlagen. An sich ist das immer die beste Lösung, wenn Probleme auftauchen – vor allem aber, wenn du anfängst, mit dir selbst zu kämpfen, denn diesen Kampf wirst du immer verlieren.

Deinen inneren Kritiker kannst du nicht »besiegen«, denn er ist ein Teil von dir. Ebenso wie das innere Kind oder dein innerer Träumer, ist er fester Bestandteil deiner Persönlichkeit. Wärest du ihn plötzlich los, dann wärest du nicht mehr du. Jeder Mensch – und erst recht jeder kreativ tätige Mensch – kennt diesen inneren Kritiker und kennt diese Selbstzweifel. Da bist du also nicht allein. Da niemand von uns unfehlbar ist, sind Zweifel ja an sich auch berechtigt – wenn sie aber zu stark werden, trauen wir uns irgendwann gar nichts mehr zu, was jeden schöpferischen Prozess zunichtemacht.

Vor deinem inneren Kritiker kannst du weder weglaufen, noch kannst du ihn besiegen. Was du stattdessen aber tun kannst, ist, dich ihm zuzuwenden und loszulassen. Begegne deinem inneren Kritiker mitfühlend und achtsam. Oder wie der Meditationslehrer Joseph Goldstein es einmal ausdrückte: »*Du kannst die Wellen nicht aufhalten, aber du kannst lernen, auf ihnen zu reiten.*«

Du befreist dich am wirkungsvollsten von Selbstzweifeln, Ängsten oder Unsicherheit, indem du sie achtsam wahrnimmst und vollkommen akzeptierst, statt ihnen Widerstand entgegenzubringen. Beim Schreiben können uns viele unangenehme oder belastende Emotionen begegnen, und letztlich gibt es nur eine effektive und zugleich weise Art, dem zu begegnen: Lade sie auf eine Tasse Tee ein.

Das Einzige, was du brauchst, um deinem inneren Kritiker achtsam zu begegnen, ist dein innerer Kritiker. Du musst also den Augenblick erwischen, wo dir bewusst wird, dass selbstkritische Gedanken und negative Emotionen auftreten. Vielleicht sagt dein innerer Kritiker so etwas wie: »Es ist nicht perfekt genug.«

Bekämpfe diesen Gedanken nicht und versuche auch nicht, ihn zu unterdrücken. Im Gegenteil: Wende dich deinem inneren Kritiker freundlich und mitfühlend zu.

Wenn Unzufriedenheit oder Unsicherheit in deinem Geist auftauchen, dann mache dir bewusst, dass es okay ist. Unsicherheit ist einfach nur Unsicherheit. Zweifel sind einfach nur Zweifel. So wie Wolken Wolken und Kopfschmerzen Kopfschmerzen sind. Sie gehören zum Leben. Es sind kurzlebige Phänomene, die kommen und gehen, das gilt auch für die Botschaften deines inneren Kritikers. Akzeptiere diese Gedanken als Teil von dir – lächle ihnen zu und bewahre die Ruhe. Versuche nicht gleich, sie loszuwerden oder sie als »Problem« zu sehen, das du »lösen« musst. Gib diesen mentalen Mustern etwas Zeit, da zu sein, und gib dir selbst etwas Zeit, sie zu beobachten. Akzeptiere sie bedingungslos, und dann, wenn die Zeit reif ist, lass sie wieder los.

Es ist wie mit allen anderen Affen in deinem Kopf – all diesen Gedanken, Meinungen und Emotionen, den Ängsten, dem Ärger, den Sorgen, dem Neid, der Unruhe und Verzweiflung: Auch ungebetenen Gästen gegenüber kannst du freundlich und gelassen bleiben. Wenn sie einmal erkennen, dass sie da sein dürfen und ernst genommen werden, tritt oft das sogenannte »Paradox der Veränderung« ein: In dem Augenblick, wo du nicht mehr gegen deinen inneren Kritiker ankämpfst und nichts mehr verändern willst, verändern sich die Dinge ganz von selbst. Sobald du gelernt hast, auf den Wellen zu reiten, statt gegen sie anzukämpfen, werden deine Selbstzweifel und Befürchtungen immer seltener zu Besuch kommen.

Motivationsblockaden als Chance

Motivationsblockaden kennen nicht nur Sportler*innen und Manager_innen, sondern auch weibliche und männliche Autoren. Meistens nennt man sie dann »Schreibblockaden«. Sicher kennst du dieses Phänomen auch nur allzu gut: Es gibt Zeiten, in denen alles wie am Schnürchen läuft und solche, in denen das Schreiben sehr zäh vorangeht. Und manchmal kommt es eben auch vor, dass überhaupt nichts mehr zu gehen scheint: Jeder Satzanfang wird zur Qual, wir starren frustriert auf das leere Blatt und unsere Hauptbeschäftigung besteht darin, vollgeschmierte Blätter zu zerknüllen und in hohem Bogen in den Papierkorb zu werfen.

Auch wenn sich während einer Motivationsblockade äußerlich nichts zu tun scheint – innerlich ist dafür oft eine ganze Menge los. Du kannst diese Phasen daher nutzen, um mal nach innen zu schauen, was allemal interessanter ist, als auf weißes Papier zu starren.

Was immer dich daran hindert, weiterzuschreiben, ist es wert, einmal unter die Lupe genommen zu werden. Wo liegt die Ursache für deine Lähmung? Vielleicht hast du ja das Gefühl, dass du zu faul oder zu abgelenkt bist – aber das sind nur Symptome. Was steckt dahinter?

Vielleicht ist es die Angst? Sehr viele Autoren haben Angst davor, dass das, was sie zu Papier bringen, nicht gut oder jedenfalls nicht gut genug ist. Oder sie fürchten sich davor, sich zu blamieren.

Und es gibt sogar das Gegenteil: die Angst vor Erfolg. Irgendein Teil in dir sträubt sich dagegen, einen Bestseller zu landen, denn das würde dein ganzes Leben verändern und dich aus der angenehmen Anonymität auf die öffentliche Bühne katapultieren.

Ein weiterer Grund für Motivationsblockaden ist Perfektionismus. Oder – eine Variante davon – zu hohe Erwartungen. Und natürlich gibt es auch ganz banale Ursachen: Vielleicht hast du schlecht geschlafen, hattest Ärger mit Kollegen oder deinem Partner, hast den Kopf voller Sorgen oder einfach nur Kopfschmerzen.

Tja – und dann kann es natürlich auch gelegentlich passieren, dass du merkst, dass du tatsächlich in der falschen Richtung unterwegs bist und du eigentlich lieber eine andere Geschichte erzählen solltest. Wer A sagt, muss nicht zwangsläufig B sagen. Ein Projekt weiterzuführen, nur weil man schon so viel Arbeit reingesteckt oder so viele Seiten geschrieben hat, führt nicht zum Erfolg. Hier musst du allerdings sehr genau abwägen: Leerphasen gehören zum Schreiben und natürlich kannst du nicht jedes Mal die Flinte ins Korn werfen, nur weil du vorübergehend unter einer Blockade leidest.

Jedenfalls solltest du dir die Ursachen genau ansehen, denn sie können dir viel über dich selbst verraten. Je nach Ursache gibt es verschiedene Gegenmittel. Ängsten, Selbstzweifeln, Perfektionismus oder überhöhten Erwartungen begegnest du am besten mit Akzeptanz. Akzeptiere, dass diese Zustände zu bestimmten Zeiten dazugehören und schreibe einfach trotzdem weiter. Wenn du Angst vor dem Scheinwerferlicht hast, kannst du beispielsweise unter Pseudonym schreiben. Solltest du unter Schlafproblemen oder Stress leiden, hilft oft ein Nickerchen oder

Yoga – allerdings kann es sein, dass du tiefer graben musst: Auch hier hast du es wieder mit Wirkungen und nicht mit Ursachen zu tun. Und auch hier kann es sehr wichtig sein, einmal zu untersuchen, ob du nicht an deinem Stressmanagement arbeiten oder mit anderen Worten lernen solltest, dich besser zu entspannen und die Dinge leichter zu nehmen.

Tipps gegen Schreibblockaden

Nur selten stecken ernsthafte seelische Probleme wie eine Depression oder ein Burn-out hinter Schreibblockaden. Oft sind es ganz unbedeutende Dinge, die dich vom Schreiben abhalten, und manchmal kommen Schreibblockaden auch scheinbar grundlos aus heiterem Himmel. Im Folgenden findest du einige bewährte Tipps, durch die du deinen Schreibprozess wieder ins Fließen bringen kannst:

- *Steh auf und geh raus. Krieg den Kopf wieder frei. Schalte den Computer aus, leg das Notizheft weg. Gehe an die frische Luft, mach einen Spaziergang. Oft reicht es schon, einmal um den Block oder durch den Park zu gehen, damit du wieder Sauerstoff tanken und dich neu motivieren kannst.*

- *Achte auf deine körperlichen Bedürfnisse. Vielleicht ist es Zeit, etwas Kleines zu essen. Etwas Obst, ein paar Nüsse (Brainfood und Nervennahrung!) oder vielleicht auch ein Stück Schokolade (Seelennahrung!). Oder mach dir einen Tee oder eine Saftschorle. Wenn du zu wenig Flüssigkeit im Körper hast oder dein Blutzuckerspiegel im Keller ist, wird deine Stimmung darunter ebenso leiden wie deine geistige Leistungsfähigkeit. Körper und Geist hängen eng zusammen – eigentlich kann man sie ja gar nicht trennen. Eine ausgewogene, gesunde Ernährung ist wichtig, damit der Gehirnstoffwechsel optimal funktioniert und du genug Energie hast, um dich aufs Schreiben konzentrieren zu können.*

- *Eine kleine Siesta oder ein Nickerchen zwischendurch können Wunder wirken. Da reichen schon 15 oder 20 Minuten – und viel länger sollte es auch gar nicht sein. Schalte dein System einfach kurz in den Ruhemodus, damit du anschließend wieder richtig wach sein kannst, statt im Halbschlaf zu schreiben.*

- *Es ist wie gesagt sehr hilfreich, wenn du dir Schreibrituale schaffst. Im Kapitel »Schreiben als Ritual« (Seite 88) findest du dazu einige Anregungen. Tägliche Rituale helfen dir, gute Gewohnheiten zu schaffen und erleichtern es ungemein, in Schwung zu kommen.*

- *Ob du wie Haruki Murakami Dauerläufe machen oder dich wie Nicholas Sparks mit Taekwondo fit halten willst, wissen wir natürlich nicht. Aber gerade für Kopfarbeiter*innen ist es extrem wichtig,* *ihren Körper in Form zu bringen. Egal, ob Sport, lange Spaziergänge, Yoga oder Qi Gong – finde etwas, was dir Spaß macht und dir liegt. Ebenso, wie du regelmäßig am Schreibtisch sitzen solltest, solltest du dich regelmäßig bewegen. Kreativität ist nicht zuletzt auch eine Frage deines körperlichen Zustands. Zwar gab es auch immer wieder mal Schriftsteller, die ihren Körper arg vernachlässigt oder geschädigt haben – aber nur wenige von ihnen haben lange gelebt.*

- *Atme! Du atmest natürlich sowieso, aber durch tiefes, bewusstes Atmen kannst du deinen Geist in kürzester Zeit wieder zum Leben erwecken. Stehe auf, öffne das Fenster, und nimm einige tiefe, langsame Atemzüge. Auch beim Schreiben solltest du deine Achtsamkeit zwischendurch auf den Atem lenken. Lasse den Atem frei strömen und atme wenn möglich in den Bauch.*

- *Wechsle die Location. Wenn nichts mehr geht, solltest du deine Gewohnheiten durchbrechen. Geh in den Park, ins Café oder wechsle wenigstens das Zimmer. Vielen Autorinnen, die unter Schreibblockaden leiden, hilft es auch, einfach unter Menschen zu gehen. Schreiben kann einsam machen – umso wichtiger ist es, Freunde zu treffen, in Büchereien oder Konzerte zu gehen und seinem Schneckenhaus zwischendurch zu entfliehen.*

- *Schreibe trotz **allem**. Wenn du spürst, dass du gerade »nicht schreiben kannst«, weil da ein Widerstand ist, dann schließe kurz die Augen, lass den Atem zur Ruhe kommen und beobachte, was im Moment für Gedanken und Gefühle durch deinen Geist ziehen. Bist du unruhig? Ist dir langweilig? Bist du verzweifelt oder verärgert? Oder fühlst du dich geistig erschöpft? Verbinde dich achtsam mit deinen Empfindungen – lasse sie sein, wie sie sind. Und dann öffne die Augen und schreibe. Es geht nicht darum, etwas Großartiges zu Papier zu bringen, sondern einfach nur darum, immer weiterzuschreiben. Schreibe dich durch die Schreibblockade hindurch.*

Hauptsache schreiben – Impulse für die Praxis

Es gibt nur eine einzige Möglichkeit, wirklich schreiben zu lernen, und das ist schreiben! Ratgeber und Kurse können sehr wichtig sein, um dich zu inspirieren. Du kannst dir wertvolle Tipps zu verschiedensten Themen holen, und Schreibratgeber helfen dir, typische Fehler zu vermeiden. Am Ende aber wird dir keine Theorie nützen, wenn du dich nicht an deinen Schreibtisch setzt und es einfach machst – Wort für Wort und Zeile für Zeile.

- *Du hast Probleme mit deiner Motivation? Dann setz dich hin und schreibe – nach ein paar Tagen wird es zur Gewohnheit und dann wird es immer leichter, loszulegen.*

- *Du hast keine Ideen? Dann fang an zu schreiben – die Ideen werden zu dir kommen, allein dadurch, dass du beginnst, Sätze zu formen.*

- *Du hast Angst, dass es Mist wird? Dann schreibe einfach weiter – mit zunehmender Erfahrung werden deine Ängste sich auflösen und du wirst erkennen, dass es sogar sehr wichtig ist, erst einmal Mist zu schreiben. Wer seine Beete mit Mist düngt, wird einmal schöne bunte Blumen ernten.*

Auf alle Probleme, die rund ums Schreiben entstehen können, ist Schreiben die Antwort. Auch das Handwerk lernst du am schnellsten durchs Tun. Wichtiger als die Technik, die mit der Zeit sowieso von selbst besser wird, ist deine innere Haltung, denn die sollte schon am Anfang stimmen. Anfang gut, alles gut. Darum haben wir in diesem Buch auch so viel Gewicht auf Authentizität, Achtsamkeit und Kreativität – die spirituellen Säulen des Schreibens – und auf das Thema Motivation gelegt. Auf den folgenden Seiten wollen wir dir nun jedoch auch konkrete Anregungen zum »How to« des Schreibens an die Hand geben: einen kleinen Werkzeugkasten, der dir helfen wird, loszulegen und die eine oder andere Abkürzung auf dem Weg zu deinem Buch zu nehmen.

Was?

Bevor du anfängst zu schreiben, solltest du dir ganz klarmachen, was du eigentlich schreiben willst. Das gilt nicht nur für das große Thema: *»Um was geht es in meinem Buch? Welche Geschichte will ich erzählen, was bewegt mich? Was ist meine tiefere Absicht?«* Es geht auch um jede noch so kurze Arbeitsphase. Überlege dir, was du im nächsten

Schritt – zum Beispiel in den nächsten 20 Minuten – machen willst.

Deine Intention ist entscheidend. Bringe dich auf Kurs. Bevor du deinen Computer einschaltest oder den Stift in die Hand nimmst, lohnt es sich immer, eine Minute dafür zu investieren: Schließe die Augen, atme einmal tief durch und treffe eine achtsame Entscheidung: »In meiner nächsten Schreibphase werde ich jetzt ...« Verliere dein großes Ziel nicht aus den Augen, aber vernachlässige auch die vielen kleinen Teilziele nicht, denn sie sind es, die dich letztlich voranbringen.

Wann?

Wann du schreibst, ist an sich egal, solange du dir nur feste Zeiten dafür einplanst. Und dabei lautet das Zauberwort »regelmäßig«. Es gibt Autorinnen, die gleich morgens schreiben, Schriftsteller die ausschließlich nachts arbeiten und solche, die sich mitten im Alltag kleine Schreibinseln schaffen.

Wissenschaftliche Studien zeigen, dass der frühe Morgen ebenso wie der späte Abend besonders günstige Zeitpunkte für kreative Tätigkeiten wie Schreiben sind. Falls es dir also möglich ist, das Schreiben in ein Morgenritual einzubinden oder eine Stunde, bevor du ins Bett gehst, ein paar Seiten zu verfassen, dann mach das. Aber wie du sicher weißt, macht die Wirklichkeit uns oft einen Strich durch die Rechnung: Die Kinder müssen in die Schule gebracht werden, wir müssen schnell noch eine Präsentation vorbereiten, sind abends zu einem Geburtstagsfest eingeladen usw. Auf ideale Bedingungen wirst du wahrscheinlich lange warten müssen – lass es lieber nicht darauf ankommen.

Passe dein Schreiben an deine jeweilige Lebenssituation an, aber benutze diese nicht als Ausrede. Wenn du es wirklich *willst*, dann findest du auch die Zeit, und sei's nur eine halbe Stunde am Tag. Du kannst dein Zeitfenster übrigens enorm erweitern, indem du typische Zeitfresser killst – zum Beispiel indem du weniger fernsiehst, durchs Internet surfst oder deine Social-Media-Zeit verkürzt. Oder indem du öfter mal »Nein« sagst und deine Zeit nicht mit Leuten verbringst, auf die du eigentlich sowieso keine Lust hast.

Wo?

Wäre es nicht wunderbar, in einer alten kalifornischen Villa mit Blick aufs Meer zu schreiben? Oder in einer romantischen Hütte in den Schweizer Alpen mit Wiesen voller Schafe, Rehlein am Waldrand und einem glitzernden Bergsee als Kulisse? Diese schwärmerischen Vorstellungen vom Schreibidyll sind dir wahrscheinlich auch nicht ganz fremd. Doch leider hat das Klischee nur selten etwas mit der Wirklichkeit zu tun. Sicher gibt es auch mal Autorinnen, die abgeschieden von der Welt in traumhafter Umgebung schreiben – aber mal ehrlich, wer hat schon solche Möglichkeiten?

Die meisten Bestseller entstehen ganz langweilig am heimischen Schreibtisch. Es gibt sogar Autoren, die im Keller oder mit heruntergelassenen Rollos schreiben. Manche brauchen ein großes Zimmer, andere begnügen sich mit einem Plätzchen in der Küche, wenn dort gerade mal nicht gekocht oder gegessen wird. Letztlich ist es ganz egal, wo du schreibst, solange du nur achtsam in dich hineinhorchst: Ist der Ort, den du wählst, der richtige, damit du konzentriert bleiben und gleichzeitig kreativ schreiben kannst? Brauchst du eher Abgeschiedenheit oder Inspiration von außen? Fühlst du dich zum Beispiel in Cafés wohl? Die Wiener Kaffeehauskultur gehört seit 2011 zum immateriellen Kulturerbe der UNESCO: In Literatencafés traf sich früher alles, was Rang und Namen hatte, um nicht zu Hause denken und schreiben zu müssen. Wenn du die Tradition von Schriftstellern wie Arthur Schnitzler, Hugo von Hofmannsthal, Georg Trakl oder Robert Musil weiterführen willst, bist du gut beraten, in einem schönen Café zu arbeiten. Der österreichische Schriftsteller Alfred Polgar schrieb dazu: »*Das Kaffeehaus ist ein Ort für Leute, die allein sein wollen, aber dazu Gesellschaft brauchen.*«

Ob im Café, auf der Parkbank, am Flughafen oder im Bett (wo Astrid Lindgren einen Großteil ihrer Bücher schrieb), ob im stillen Kämmerlein, im Dunkeln oder im Zimmer mit Aussicht: Es gibt keinen per se richtigen Ort. Es gibt nur den richtigen Ort *für dich*. Und da sich der Ort des Schreibens auf die Konzentration, die Gedanken, Gefühle und die Fantasie von Autorinnen und Autoren auswirkt, musst du in dich hineinspüren, was dein Ding ist. Niemand sonst wird dir diese Frage beantworten können.

Manchmal ist es aber auch wichtig, den Ort gelegentlich zu wechseln. Nicht zuletzt kannst du das Schreiben natürlich auch mit dem Reisen kombinieren. Ein Autoren-»Urlaub« ist oft besonders inspirierend, vor allem wenn es darum geht, an einem zeitlich überschaubaren Projekt zu arbeiten oder um als Anfänger*in überhaupt einmal zum Schreiben zu finden.

Womit?

Es gibt heute viele verschiedene Möglichkeiten zu schreiben. Und die sind allesamt komfortabler, als Buchstaben in Steintafeln zu meißeln oder auf Papyrusrollen zu malen. Mit wenigen Ausnahmen werden Manuskripte heute am Computer verfasst. Aber Ausnahmen gibt es natürlich trotzdem. Die gute alte klackernde Schreibmaschine, auf der schon Mark Twain 1876 *Tom Sawyer* geschrieben hat, ist längst noch nicht ausgestorben – im Gegenteil: Auch junge Autorinnen und Autoren scheinen wieder vermehrt Interesse an dieser traditionellen Art des Schreibens zu haben. Der Diogenes Verlag schätzt, dass rund 25 % seiner Autoren die erste Fassung auf der Schreibmaschine schreiben.

Es ist noch gar nicht so lange her, als Schriftsteller wie Charles Bukowski, Thomas Bernhard oder Patricia Highsmith über ihre oftmals heiß geliebten Schreibmaschinen gebeugt saßen. Und selbst moderne Autoren wie Danielle Steel oder John Irving greifen lieber in echte Tasten, statt zur Computertastatur.

Mit Textverarbeitungsprogrammen kannst du eine Menge Dinge anstellen, die auf der Schreibmaschine nicht gehen und Texte optimal überarbeiten. Andererseits ist der Computer bei Weitem nicht so sinnlich wie die Schreibmaschine.

Und dann gibt es natürlich noch die im Aussterben begriffene Kunst, mit der Hand zu schreiben. Auch wenn die meisten Autorinnen heute am Computer arbeiten, dürfte ein Großteil von ihnen ihre Notizen, Ideen und vielleicht sogar erste Rohfassungen per Hand aufschreiben und das Manuskript dann am PC verfassen. Diese Kombination finden auch wir ideal, und wir denken, dass handschriftliche Notizen viele Vorteile haben. Erstens verlernt man das »normale Schreiben« nicht, was einem spätestens dann zugutekommt, wenn man die nächste Geburtstagskarte schreiben muss. Zweitens kann man einen kleinen Block und einen Stift wirklich immer und überall mit sich tragen, was sogar mit einem Laptop gar nicht so einfach wäre. Drittens kannst du nicht nebenbei im Internet herumsurfen und kriegst deine Ideen besser gebacken. Und nicht zuletzt dürfte auch etwas dran sein, dass es eine besondere Verbindung zwischen unserer Schreibhand und unserem Unterbewusstsein gibt.

Am besten probierst du es jedoch selbst aus. Wechsle ab und zu zwischen Computer und Notizblock hin und her und beobachte, ob es dir leichter fällt, authentisch zu schreiben und deine Kreativität in Fluss zu bringen, wenn du mit einem Stift statt mit der Tastatur schreibst. Aber wer weiß – vielleicht ist es bei dir ja auch umgekehrt. Oder möglicherweise besteht die beste Methode für dich darin, auf einem Tablet zu schreiben oder deine Texte ins Smartphone zu diktieren.

Beobachte achtsam, wie sich das Material, das du benutzt, auf deine Texte auswirkt. Und falls dir das alles zu langweilig ist, kannst du es ja wie Jack Kerouac machen: Der tippte seinen Roman *On the Road* auf 36 Meter Butterbrotpapier.

Für wen?

Eine Frage, die du dir schon am Anfang eines Buchprojektes stellen solltest ist, für wen du eigentlich schreibst. Schreiben ist ein gutes Heilmittel und kann therapeutisch genutzt werden. Deine Gedanken für dich selbst zu Papier zu bringen, Erinnerungen in Form von Tagebüchern zu pflegen oder in schwierigen Zeiten schreibend über deine Gefühle und Stimmungen zu reflektieren, ist oft sehr hilfreich. Willst du aber für andere schreiben, ist das eine ganz andere Sache. Dann geht es darum, Leserinnen zu gewinnen, und dann darfst du nie vergessen, dass du mit ihnen kommunizierst, während du schreibst.

Ein typischer und sehr häufiger Anfängerfehler besteht darin, beides vermischen zu wollen. Obwohl wir unser Buch veröffentlichen wollen – es also auf die Öffentlichkeit, sprich Leser abzielt – , füllen wir die Seiten mit unseren Problemen, unseren Erfahrungen und in Romanform getarnten Autobiografien. Der Erfolg von Bestsellerautoren besteht jedoch darin, dass sie eine interessante, fiktive (!) Geschichte zu erzählen haben, und dass sie ihr Buch als

Geschenk für ihre Leser sehen, für die sie ein gutes Gespür entwickelt haben.

Falls deine Lebensgeschichte nicht außerordentlich interessant ist, dann mache lieber kein Buch daraus, von dem du hoffst, es verkaufen zu können. Frage dich stattdessen, was deine Leserinnen inspirieren könnte. Was bringt sie zum Lachen, zum Weinen, zum Träumen? Vergiss nie: Die Aufgabe eines Autors besteht darin, neue Welten zu erschaffen, in die ihre Leser eintauchen können. Und damit sie wirklich tief tauchen können, müssen wir allzu Persönlichem eben oft ein bisschen aus dem Weg gehen.

Notieren – ein kleiner Schritt mit großer Wirkung

Zur Grundausstattung für alle, die gern schreiben, gehört ein kleines Notizbuch. Notizen sind die einfachste und schnellste Möglichkeit, Gedanken und Eindrücke festzuhalten. Wir sollten uns lieber nicht darauf verlassen, dass unser Kopf alles, was wir täglich erleben, abspeichert, und dass wir es beim Schreiben jederzeit abrufen können. Das funktioniert leider nicht. Die allermeisten deiner Beobachtungen, Erfahrungen und Gedanken werden auf Nimmerwiedersehen in den Tiefen deines Unterbewusstseins verschwinden, wenn du sie nicht bewusst festhältst – und genau dafür sind Notizen ideal.

Studenten machen sich Notizen in ihren Vorlesungen, Wissenschaftler und Geschäftsleute notieren sich ihre Gedanken und Ideen, und auch To-do-Listen oder Einkaufszettel sind im Grunde ja nichts anderes als Notizen: kurze Reminder, die in Form weniger Worte auf ein Stück Papier gekritzelt werden.

Trotz zunehmender digitaler Konkurrenz und aller Debatten, in der Schule keine Handschrift mehr zu unterrichten – viele und insbesondere auch vermehrt junge Leute lieben es, mit der Hand zu schreiben und geben auch Geld für edle Schreibutensilien aus. Sogar Teenager greifen vermehrt zu Stift und Notizblock: »Journaling« – so heißt die moderne Form des Tagebuchschreibens, bei der es allerdings vor allem um Persönlichkeitsentwicklung geht, also darum, Lebensprobleme zu lösen oder glücklicher und erfolgreicher zu werden.

Autor_innen geht es weniger um Selbstoptimierung, denn sie verfolgen andere Ziele. Wenn sie sich Notizen machen, dann um Stoff und Ideen für ihre Bücher zu sammeln. Darüber hinaus ist Notieren eine ideale »Aufwärmübung« für Schreibende, was auch ein Grund dafür sein dürfte, dass Schriftsteller sich seit jeher ausgiebig Notizen machen. Kleine Notizbücher, die den legendären Moleskine-Notizbüchern ähneln, waren im Europa des 19. und 20. Jahrhunderts bei Künstlern sehr beliebt. Meist wurden sie von kleinen französischen Buchbindereien von Hand gefertigt. Heute ist das Angebot groß und du kannst dir in jedem Schreibwarenladen für wenig Geld schöne Notizbüchlein besorgen. Die sind zwar weder handgefertigt, noch wurden sie früher von Autoren wie Hemingway, Sartre oder Oscar Wilde benutzt, aber was soll's: Sie erfüllen ihren Zweck. Und dieser Zweck besteht darin, dass du möglichst oft und möglichst viel in dein Notizbuch hineinschreibst, denn dafür ist es ja da.

Das Notieren ist ein einfacher und effektiver Einstieg ins Schreiben. Notieren verbindet dich mit dem Hier und Jetzt und lädt dich dazu ein, immer wieder innezuhalten und achtsam wahrzunehmen, was in dir und um dich herum passiert. Statt ständig am Smartphone herumzuhängen und deine Daten in virtuelle Clouds zu schicken, hältst du deine Gedanken und Gefühle auf eine Weise fest, die du anfassen kannst – auf Papier in einem gebundenen Büchlein, das du immer bei dir tragen kannst.

Notieren schärft deine Achtsamkeit und deine Beobachtungsgabe und entwickelt deine Fähigkeit, Bilder und Eindrücke in Worte zu übersetzen. Und dazu brauchst du weder ein stilles Kämmerlein und Abgeschiedenheit, noch musst du einen Laptop mit dir herumschleppen. Für Notizen musst du noch nicht einmal dazu in der Lage sein, ganze Sätze formulieren zu können, denn es geht ja gerade darum, sich nur Stichpunkte zu machen und sich möglichst kurz zu fassen. Da Papier bekanntlich geduldig ist, kannst du alles, was du heute notierst, auch später – in einer Woche, einem Monat oder einem Jahr – wieder lesen und fürs Schreiben verwenden. Im Laufe der Zeit kannst du dir so eine riesige Materialsammlung anlegen.

Im täglichen Leben geht es darum, kurze Eindrücke oder Beobachtungen zu Situationen, Menschen, Landschaften, Gefühlen, Jahreszeiten, Orten, Lichtverhältnissen oder Dialogfetzen zu sammeln. Dabei kannst du frei von der Leber weg schreiben und herumexperimentieren.

Du kannst Verse oder Gedichte schreiben, wirre Assoziationen notieren oder Dialoge, ja sogar ganze Plot-Ideen aufschreiben.

Praxisübung: Besonderheiten notieren

Wenn du etwas notierst, dann vielleicht nicht unbedingt Banalitäten. »Ich sitze im Café und bestelle einen Kaffee beim Ober. Der bringt den Kaffee und stellt ihn hin.« – Was solltest du mit so etwas anfangen? Du bist Schriftstellerin. Du siehst, was andere nicht sehen. Und zwar deshalb, weil du eben genau hinsiehst und es notierst.

Um darin Übung zu bekommen, setz dich mit deinem Notizbuch irgendwohin und beschreibe die Dinge, die du *nicht* auf den ersten Blick, sondern erst auf den zweiten und dritten Blick hin siehst.

Du sitzt im Café? Dann such dir einen Menschen aus, der auch dort sitzt und sieh genau hin. Nimm dir vor, zehn besondere Einzelheiten zu notieren, die auch dir erst dann auffallen, wenn du eine Weile hinsiehst.

»Der Tisch im Café wackelt; jemand hat schon versucht, das zu beheben, denn unter einem Tischbein liegt ein Bierdeckel, auf dem ›Anna‹ und ein paar Zahlen stehen, vielleicht ihre Telefonnummer. // Idee: Was ist, wenn der, der das geschrieben hat, nun Annas Nummer nicht hat und sie verzweifelt sucht // ...«

Du sitzt allein zu Hause? Macht nichts – sieh dir all deine vertrauten Dinge an und entdecke das Besondere. Schreib zehn Besonderheiten, die sonst wahrscheinlich niemandem auffallen, in dein Notizbuch.

Die wichtigsten Zutaten für ein gelungenes Buch

Wir sind davon überzeugt, dass du dir die Technik, die du brauchst, um dein Ding zu schreiben, im Laufe der Zeit ganz von selbst aneignen wirst – und das wird vor allem durch das Schreiben passieren. Außerdem gibt es zum Thema »Handwerk des Schreibens« mehr als genug gute Bücher. In den Literaturtipps im Anhang findest du einige davon. Dennoch möchten wir dir zumindest ein paar grundlegende Dinge mit auf den Weg geben. Wirklich wichtige Regeln, die dir helfen werden, Fehler zu vermeiden.

Jede Autorin und jeder Autor schreibt natürlich anders und spricht ganz unterschiedliche Leser an. Aber grundsätzlich solltest du dich immer eines fragen: Wie schaffe ich es, fesselnd zu schreiben? Wie sorge ich dafür, dass meine Leser mein Buch nicht gelangweilt weglegen, sondern weiterlesen wollen?

Dazu hast du im Grunde nur zwei Möglichkeiten: Die Geschichte, die den Faden immer weiterspinnt und die Darstellung, also die Art und Weise, *wie* du sie erzählst. In den folgenden Kapiteln wird es vor allem um diese beiden Prinzipien gehen.

Der Fahrplan

Anders als im Leben, wo sich vieles oft von selbst ergibt, brauchst du für ein eigenes Buchprojekt einen Plan. Du solltest genau wissen, um was es in deiner Geschichte geht, denn unserer Erfahrung nach ist es sehr viel schwieriger, einfach draufloszuschreiben. Die Gefahr, auf halber Strecke stecken zu bleiben, ist dann sehr groß.

Fast alle erfolgreichen Autorinnen haben das Ende ihrer Geschichte schon im Kopf, bevor sie anfangen zu schreiben. Überlasse nicht zu viel dem Zufall. Lege dich auf ein Genre fest, denn Leserinnen haben eine klare Erwartungshaltung.

Wenn du erst einmal die Saat in den Händen oder besser gesagt die Grundidee im Kopf hast, dann fange an, sie mehr und mehr zu erweitern. Füge Farben hinzu und versuche, deinen Fahrplan immer deutlicher werden zu lassen. Um Klarheit zu gewinnen, kannst du dich an den sechs »Ws« orientieren:

- *Wo spielt das Ganze?*
- *Wer sind die Figuren oder die Hauptfigur, um die es geht?*
- *Was passiert – wo fängt die Geschichte an, wo endet sie?*
- *Wann spielt das Ganze?*
- *Warum wollen die Figuren und vor allem der Protagonist handeln? Was ist das Motiv – was wollen sie unbedingt erreichen oder unbedingt vermeiden?*

- *Wie willst du die Geschichte erzählen? Welche Perspektive wählst du, welchen Stil? Wie soll die Stimmung – der »Sound« – deines Romans sein?*

Das Gerüst: Der Plot

Agentinnen und Lektoren lehnen oft Manuskripte ab, weil die Geschichte nichts hermacht beziehungsweise gar keine erzählt wird. Selbst Manuskriptangebote von Autoren, die einen tollen Stil haben, landen dann schnell im Altpapier. Verlage interessieren sich in erster Linie dafür, ob die Geschichte gut ist, denn Geschichten sind das, was die Menschen lieben (und kaufen ...).

Als »Plot« bezeichnet man die Handlungsstruktur eines Textes – also den Grundriss oder das Gerüst der Handlung. Der Plot beantwortet die Frage, wie die Geschehnisse miteinander verkettet sind. Er verbindet Anfang, Mitte und Ende. Der Plot entspricht der Reiseroute:

- *Anfang: Von wo aus fahre ich los?*

- *Mitte: Welche Strecke muss ich nehmen? Fahre ich mit dem Auto, dem Zug oder fliege ich? Was passiert auf der Reise, wo biege ich ab – wie entwickeln sich die Dinge?*

- *Ende: Wo ist das Reiseziel? Wo endet das Ganze?*

Dein Plot gibt dir eine Richtung. Plot und Figuren lassen sich dabei gar nicht trennen. Denn natürlich gehört auch die Frage, über wen du erzählen willst, zum Plot. Worum geht es ihm? Was ist sein Problem? Wird er es am Ende lösen oder nicht? Gibt es unerwartete Wendungen, Überraschungen oder Geheimnisse? Ohne Plot hast du den roten Faden, der sich durch deine Geschichte spinnen sollte, schnell verloren, sofern du überhaupt einen hattest.

Es lohnt sich sehr, am Anfang über die Route nachzudenken und sich die Streckenabschnitte zu notieren. Bist du nämlich erst einmal unterwegs und weißt eigentlich nicht, wie es weitergehen soll, dann musst du am Ende wahrscheinlich wieder umkehren.

Bilder statt Berichte – Zeigen statt Erzählen

»Zeigen statt Erzählen« ist ein Prinzip, das du wohl in jedem Ratgeber finden wirst, in dem es um das Thema »Romane schreiben« geht. Und zwar einfach deshalb, weil dieses Prinzip das vielleicht wichtigste überhaupt ist, um fesselnd zu schreiben. Ein Roman ist kein Bericht. Als Autorinnen und Autoren ist es unser Job, Erzählungen sichtbar und hörbar zu machen. Die Leser wollen etwas erleben – ein Buch zu lesen, sollte für sie wie eine kleine Reise sein. Und die Reise wäre ganz schön langweilig, wenn sie nur aus nüchtern aufgezählten Stationen bestehen würde: 14:10 Uhr Salzburg – 15:30 Uhr Linz – 18:00 Uhr Wien, Hauptbahnhof.

Lass deine Leser sehen, was passiert – lass sie mittendrin sein in der Szene. *»Er ging spazieren«* ist okay, aber

»Er eilte mit großen Schritten um die Häuserblocks« ist besser. *»Sie stand im Regen«* ist nicht so gut wie *»Der Regen klatschte ihr kalt ins Gesicht und ihr Kleid war so durchnässt, als wäre sie damit in den Baggersee gesprungen«.*

Zeige in der Geschichte, was deine Charaktere sehen, spüren, hören, schmecken oder riechen. Statt nur zu *erzählen*, dass Bernd aufgeregt war, *zeige* es: Lass ihn mit den Fingern auf der Tischplatte herumtrommeln und unruhig auf seinem Stuhl hin und her rutschen oder sich ständig umschauen. Ein häufiger Grund, warum Manuskripte abgelehnt werden, ist nämlich, dass es an Bildern und miterlebbaren Szenen fehlt.

Bildlich beziehungsweise sinnlich zu schreiben, ist nichts als Übungssache. Diese Fähigkeit kannst du lernen und sie immer weiterentwickeln. Dabei besteht ein einfacher Trick darin, dass du nicht beim Allgemeinen bleibst, sondern nach dem konkreten Bild suchst.

- ***Allgemein:*** *Es war heiß.*
- ***Konkret:*** *Die Sonne brannte und der Schweiß lief ihm von der Stirn. Auf seiner Motorhaube hätte er bei dieser Hitze problemlos Spiegeleier braten können.*
- ***Allgemein:*** *Sie war wütend.*
- ***Konkret:*** *Sie zog die Augenbrauen bedrohlich zusammen und schlug mit der Faust auf den Tisch. Ihre Augen funkelten ihn herausfordernd an.*

»Zeigen statt Erzählen« ist eine einfache Regel, die sich auch besonders gut für die Überarbeitungsphase eignet. Wenn du an deinen Texten feilst, dann spüre die Stellen auf, die noch ein wenig mehr Farbe, ein wenig mehr Ausdruck oder mit anderen Worten mehr Zeigen vertragen könnten, statt nur Tatsachen aneinanderzureihen.

Scheiße in Gold verwandeln

»Der erste Entwurf ist immer scheiße.« Das sagte kein Geringerer als Ernest Hemingway. (Auch wenn es oft mit »Mist« zitiert wird – er hat wirklich »scheiße« gesagt, wenn auch auf Englisch: »The first draft of anything is shit.«) Dieser Satz ist so wichtig, dass jeder Schriftsteller ihn sich in dicken Lettern über den Schreibtisch hängen sollte. Wie viel Frust, Enttäuschung, Selbstzweifel und Kopfwehtabletten könnten wir uns sparen, wenn wir uns bewusst darüber würden, dass Bücher nicht geschrieben, sondern vor allem *überarbeitet* werden.

Keiner käme auf die Idee, unreife Früchte zu essen. Wir wissen alle, dass Bananen oder Tomaten nicht schmecken, solange sie noch grün sind. Wir müssen sie noch eine Weile zu Hause nachreifen lassen, bis wir sie essen können. Unreife Manuskripte sind auch oft total ungenießbar. Leider reicht es aber nicht, sie in die Schublade zu legen, abzuwarten und zu hoffen, dass sie schon noch nachreifen werden. So wie ein Töpfer an den Tonklumpen ranmuss, damit eine schöne Vase daraus wird, musst du an deine

Rohfassung ran, damit ein gut lesbares Buch daraus wird. Im Gegensatz zu Musikern oder Schauspielern haben wir als Schreibende die wunderbare Möglichkeit, uns viel Zeit zu nehmen, um an unserem Projekt zu feilen. Und anders als der Steinmetz können wir dabei nicht nur Überflüssiges weghauen, sondern auch Fehlendes noch einfügen.

Verabschiede dich ganz schnell von der Vorstellung, dass dein Buch fertig ist, sobald du das letzte Wort getippt hast. Die Wahrheit ist: Die eigentliche Arbeit fängt jetzt erst an.

Das innere Schreibteam

Für das Schreiben ist die Vorstellung eines inneren Teams sehr hilfreich. Schreiben läuft grundsätzlich in zwei Phasen ab, die du nie miteinander vermischen solltest. Zuerst darfst du verrückt und abgehoben sein – in der zweiten Phase geht es dann darum, wieder mit beiden Füßen auf dem Boden zu landen.

Am Anfang sind dein innerer Träumer, dein innerer Künstler und dein inneres Kind gefragt. Sie dürfen sich frei austoben und wild drauflosschreiben, sie können überflüssige Ideen aufs Papier bringen und alle Rechtschreibregeln missachten. Lass sie im Affentempo tippen, ohne zurückzublättern und ohne Rücksicht auf Verluste. Tu dir in dieser Phase absolut keinen Zwang an.

Sobald die erste Fassung steht, kannst du die kreativen und verrückten Teile deines inneren Schreibteams in Urlaub schicken. Auch du selbst hast jetzt ein paar Tage Ruhe verdient.

Dann geht es in die Phase zwei: Überarbeite dein Manuskript. Lies es erst von Anfang bis Ende langsam durch, mach dir Notizen und bügele grobe Fehler aus. Nimm dir dann jeweils kleine Abschnitte vor, um den Text gründlich zu überarbeiten. Lass deine innere Lektorin und alle vernünftigen, rationalen Teile in dir die Arbeit erledigen. Auch der innere Kritiker darf jetzt am Schreibtisch vorbeischauen – aber nur unter der Bedingung, dass er seine Kritik auf den Text bezieht und weder unfreundlich noch persönlich wird. Wenn er anfängt, dich eine Versagerin zu nennen oder dir einflüstert, dass du einfach zu unbegabt bist, um ein Buch zu schreiben, dann schmeiß ihn schnell wieder raus. Was du jetzt brauchst, ist konstruktive Kritik und kein Genörgel.

Das Überarbeiten ist eine nüchterne, aber wichtige Arbeit, die viel Energie braucht. Beobachte achtsam, ob Gefühle wie Enttäuschung oder Selbstzweifel in dir auftauchen. Es ist okay, wenn das passiert, aber verfange dich nicht darin. Lass los und richte deine Aufmerksamkeit wieder auf den Text und die Frage, was sich verbessern lässt. Bestsellerautorinnen schleifen ausgiebig an ihren Romanen – nicht nur einmal, sondern viele Wochen und manchmal sogar viele Monate lang.

Hier sind einige Anregungen, die dir einen Anhaltspunkt geben, wie du dein Manuskript konkret überarbeiten kannst:

- *Beim Redigieren ist das wichtigste, alles Überflüssige – alles, was nicht wirklich zur Geschichte gehört, – zu streichen.*

- *Szenen, die nicht absolut notwendig sind, solltest du rauswerfen. Loszulassen ist oft schwer, aber ein wichtiges Erfolgsrezept beim Schreiben lautet »Kill your Darlings«. Oft verlieben wir uns in unsere Texte und werden betriebsblind, was es schwer macht, sich von Absätzen oder gar Seiten zu verabschieden. Und doch wirst du schnell sehen, dass ein verschlankter Text, der sich auf das Wesentliche beschränkt, besser und schöner zu lesen ist.*

- *Figuren, die keine Funktion haben, müssen leider ebenfalls die Bühne verlassen. Prinzipiell ist es ratsam, mit möglichst wenig Figuren auszukommen.*

- *»Wenn es möglich ist, ein Wort zu streichen, dann streiche es.« (Orson Welles). Verschlanke deinen Text. Versuche, klarer und kürzer zu formulieren.*

- *Prüfe die Rechtschreibung und Grammatik. Wenn du unsicher bist, dann schau im Duden nach.*

- *Sind manche Stellen in deinem Buch zu langweilig? Solltest du den Leser*innen hier buntere Bilder, mehr Details oder mehr Emotionen anbieten?*

- *Ist dein Stil zu einseitig? Schreibst du beispielsweise zu viele kurze Aussagesätze oder im Gegenteil viele lange Schachtelsätze? Sorge für die richtige Mischung.*

- *Halte Ausschau nach Wortwiederholungen. Nimm dir die Zeit, nach anderen passenden Wörtern zu suchen.*

- *Wirf Klischees aus dem Text – flache Figuren oder ausgelutschte Redewendungen. Die honigblonde Schönheit mit den strahlend blauen Augen und den sinnlichen Lippen, der durchtrainierte Macho mit dem Dreitagebart und dem charmanten Lächeln, die Karrierefrau im Businessanzug, die ständig am Smartphone klebt – sie alle locken keinen mehr hinter dem Ofen hervor. Apropos »hinter dem Ofen hervorlocken«. Abgedroschene Redensarten solltest du deinen Lesern ebenfalls ersparen (sorry): Lass deine Figuren weder »die Suppe auslöffeln« noch »ins Gras beißen«, lass sie weder »einen Zahn zulegen« noch »nur Bahnhof verstehen.«*

- *Überprüfe, ob es Stellen gibt, in denen du zu dick aufgetragen hast und die Sache unglaubwürdig wird oder ob es vermeintlich humorvolle Abschnitte gibt, die bei genauerem Hinsehen eigentlich gar nicht mehr lustig sind.*

- *Ist die Geschichte logisch? Steht die Handlung im Mittelpunkt? Ist das Ganze glaubwürdig? Musst du vielleicht noch einmal recherchieren – z.B. ob die Jahreszahlen stimmen oder ob die Orte, an denen die Geschichte spielt, richtig beschrieben sind? Setze beim Leser nicht zu viel Wissen voraus.*

- *Ist das Tempo gut, oder plätschert die Geschichte nur vor sich hin? Sorge für Spannung, Überraschungen und unerwartete Wendungen, damit keine Langeweile entsteht.*

- *Überprüfe auch noch mal die Dialoge. Sie sollten viel über die Figuren verraten – ob sie gebildet oder ungebildet, achtsam oder oberflächlich, gutmütig oder gemein, hektisch oder gelassen sind. Spricht jede Person mit ihrer eigenen Stimme? Idealerweise kann man den Sprecher in einem Dialog erkennen, ohne dass gesagt werden muss, wer gerade spricht. Gute Dialoge sind glaubwürdig und erfüllen eine Funktion. Dialoge sind eine gute Möglichkeit, Konflikte und Probleme darzustellen. Zu viel Harmonie wird ebenso wie Smalltalk schnell langweilig.*

- *Nicht zuletzt solltest du auch deine Figuren noch einmal »unter die Lupe nehmen« (abgedroschene Redewendung!). Figuren bleiben uns nach dem Lesen am längsten im Gedächtnis. Leser wollen die Menschen, um die es geht, kennen und sich in sie hineinfühlen können. Und das klappt natürlich nur, wenn du dich in deine Figuren hineinversetzen kannst. Du brauchst Mitgefühl, um nachvollziehen zu können, warum sie so denken, fühlen und handeln wie sie es tun. Erwecke deine Figuren zum Leben. Lass sie begeistert, deprimiert, gelangweilt oder erstaunt sein, lass sie Ziele haben, Fehler machen und lass sie sich weiterentwickeln. Je mehr du selbst innerlich mit deinen Figuren verbunden bist, desto leichter werden sich deine Leserinnen mit ihnen identifizieren können.*

Wie du siehst, gibt es ganz schön viel, worauf du beim Überarbeiten deines Romans achten kannst. Wahrscheinlich wundert es dich jetzt auch nicht mehr, dass die Überarbeitung manchmal länger als das Schreiben dauert. Aber zum Glück musst du ja nicht alles auf einmal machen.

Am Ende ist ohnehin nur eines wirklich wichtig: Dass du ein gutes Gefühl im Bauch und ein Lächeln auf den Lippen hast, wenn du den fertigen Text ein letztes Mal liest, bevor du dein Buch in die Welt hinausschickst.

Von der Idee zur Veröffentlichung

Ein eigenes Buch zu schreiben, ist für viele von uns ein großer Traum. Und natürlich träumen wir meist auch davon, unser Buch zu veröffentlichen oder – noch besser – einen Bestseller damit zu landen. Hand aufs Herz: Geht es dir nicht auch so? Sofern du Schreiben nicht ausschließlich als Weg zu dir selbst und als Möglichkeit, schwierige Zeiten zu überwinden oder deine Kreativität zu entdecken, nutzt – übrigens alles sehr gute Gründe mit dem Schreiben zu beginnen –, wirst du dir sicher wünschen, dass deine Zeilen von vielen anderen Menschen gelesen werden.

Bestimmt ist dir schon zu Ohren gekommen, dass der Traum vom Topseller ziemlich unrealistisch ist. Es gibt nur wenige Autor*innen, die ausschließlich vom Schreiben leben können. Das heißt aber nicht, dass es unmöglich wäre, denn einige gibt es dann doch. Auch unter bis vor Kurzem völlig unbekannten Selfpublishern haben inzwischen einige den Durchbruch geschafft – auch den finanziellen. Im Gegensatz zum Sechser im Lotto ist ein Platz auf den Bestsellerlisten deutlich wahrscheinlicher. Vor allem deshalb, weil du hier nicht einzig und allein dem Zufall ausgeliefert bist: Deine Idee, deine Motivation, deine Bereitschaft, am Manuskript und an dir selbst zu arbeiten – sie alle tragen zum Erfolg bei.

Als wir vor rund 30 Jahren anfingen, Bücher zu schreiben, gab es weder Facebook noch Blogger oder gar Selfpublishing. Die einzige Chance, ein Buch zu veröffentlichen, boten Verlage. Also haben wir uns die Verlage genau angeschaut, unser Exposé rund 15-mal mit unserem alten Nadeldrucker ausgedruckt und sind mit einem dicken Packen unter dem Arm zur Post gegangen, um unsere Idee an entsprechend viele Verlage zu schicken. In der Folge haben wir so viele Absagen kassiert, dass es locker für eine mittelschwere Depression gereicht hätte. Die haben wir uns aber erspart und unsere Energie lieber darauf verwendet, um nochmals an unserem Exposé zu feilen und nach weiteren Verlagen zu suchen.

Da wir damals ausschließlich Sachbücher geschrieben haben, haben wir anschließend gleich noch Exposés zu anderen Buchideen verschickt. Manche Verlage haben gar nicht geantwortet, andere haben uns Standardabsagen geschickt – aber weißt du was? Mit der Zeit lernt man, das Ganze locker zu sehen und gelassen zu bleiben. Eine Absage ist einfach nur eine Absage – keine Katastrophe. Die Idee passt halt nicht, das ist alles. Nimm Absagen nie persönlich. Lass dich nicht davon beeindrucken und schon gar nicht entmutigen. Probiere es einfach woanders oder probiere es in ein paar Monaten noch einmal. Gut möglich, dass dann ein anderer Lektor deine Idee in den Händen hält oder dass sich der Wind im Verlag gedreht hat.

Diese Haltung hat sich bei uns gelohnt: Irgendwann kam dann doch die erste Zusage, und mit der Zeit wurde es immer leichter, Ideen unterzubringen. Heute haben wir gute Kontakte zu vielen alten und neuen Lektorinnen und arbeiten regelmäßig mit Verlagen zusammen, die wir früher vergeblich angeschrieben haben.

Was wir dir damit sagen wollen ist, dass es erstens möglich ist, einen Verlagsvertrag zu ergattern, und dass das zweitens vor allem eine Frage deiner Gelassenheit und Beharrlichkeit ist. Sicher hast du schon gehört, dass viele Bestsellerautoren sehr lange gebraucht haben, um einen Verlag zu finden, der ihr Buch auf den Markt gebracht hat. *Harry Potter* wurde rund ein Dutzend Mal abgelehnt, Stephen Kings *Carrie* wurde gar 30-mal abgelehnt und verkaufte sich seither millionenfach, *Herr der Fliegen* von William Golding brachte es »nur« auf 20 Absagen und ist inzwischen ein Kultbuch, das dem Autor einen Nobelpreis eingebracht hat, Paulo Coelho konnte seinen Superseller *Der Alchimist* zunächst nur in einem unbedeutenden, kleinen Verlag unterbringen und gerade mal 800 Exemplare verkaufen, bevor er über Umwege schließlich doch noch den richtigen Verlag fand. Es gibt zahllose Beispiele, die eines zeigen: Wenn du wirklich an dein Buch glaubst und es einfach immer weiter anbietest oder auch selbst veröffentlichst, hast du gute Chancen, dass dein Traum kein Traum bleiben wird.

Im Folgenden wollen wir dir kurz zeigen, welche Möglichkeiten es gibt, dein Manuskript zu veröffentlichen.

Den richtigen Verlag finden

Der klassische Weg, um ein Buch zu veröffentlichen, führt nach wie vor über den Verlag. Einen Buchverlag für seine Idee zu gewinnen, hat viele Vorteile:

- *Du hast einen echten Partner, dem es mindestens genauso wichtig ist wie dir, dein Buch zum Erfolg zu führen.*

- *Lektorinnen und Korrektoren bringen dein Manuskript auf Vordermann – damit hast du einen Service, den du als Selfpublisher mitunter teuer bezahlen musst.*

- *Ein ganzes Team von Leuten, die sich mit Verkauf, Vertrieb, Covergestaltung, Layout, Werbung, Social-Media-Marketing und der optimalen Titelformulierung beschäftigen, erhöhen deine Chancen, dein Buch an Mann und Frau zu bringen, ganz erheblich.*

- *Der Verlag druckt und lagert dein Buch für dich und übernimmt dafür alle Kosten.*

Auf keinen Fall solltest du einen »Verlag« auswählen, der einen Druckkostenzuschuss oder mit anderen Worten Geld von dir haben will. Diese Geschäftsmodelle sind oft alles andere als seriös, und am Ende ist es sehr fragwürdig, ob du dein Buch jemals im Laden sehen wirst. Zum Job eines seriösen Verlags gehört es nun einmal, ein Risiko einzugehen und notfalls draufzuzahlen. Als Autor hast du schon genug geleistet und deinen Teil der Arbeit erledigt – lass dich also nicht darauf ein, dafür auch noch zu bezahlen.

Autoren, die erstmals mit einem Verlag zusammenarbeiten, ärgern sich oft darüber, dass sie mit nur wenigen Prozenten an den Bucheinnahmen beteiligt sind – meist sind es so zwischen 5 und 10 Prozent des Verkaufspreises. Wenn du dir aber einmal bewusst machst, welche Kosten und wie viel Arbeit du hättest, wenn du für alle oben genannten Posten selbst verantwortlich wärst, wirst du das besser nachvollziehen können. Verlage haben enorme Kosten – sie müssen Gebäude mieten und einen Haufen Leute fest einstellen. Und da Bestseller selten sind, ist es kein Wunder, dass gerade kleine Verlage oft wenig Gewinn machen. Trotzdem solltest du natürlich immer sehr genau schauen, was du unterschreibst und dir im Zweifelsfall Berater suchen, die etwas von Verträgen verstehen.

Wenn du dich dafür entscheidest, einen Verlag für dein Buch zu finden, ist das auf jeden Fall eine gute Idee. Dabei solltest du jedoch unbedingt typische Anfängerfehler vermeiden und Folgendes beachten:

- *Finde den passenden Verlag. In der Parfümerie brauchst du nicht nach Fahrradzubehör zu suchen. Und ein Verlag, der ausschließlich Fantasyliteratur veröffentlicht, wird sicher keinen Gesundheitsratgeber ins Programm nehmen.*

- *Recherchiere im Internet nach Buchtiteln, die zumindest grob in die gleiche Richtung gehen wie deine Idee. Und dann schau nach, in welchen Verlagen sie erschienen sind. Diese Verlage kommen auf jeden Fall auch für dich infrage.*

- *Nimm dir viel Zeit für die Recherche. Welche Buchverlage gibt es? Wenn du auf Wikipedia nach »Liste deutschsprachiger Verlage« suchst, wirst du wahrscheinlich erschrecken – es sind wirklich sehr, sehr viele. Welche davon kommen für dich infrage? Ein kleiner Tipp: Auch wenn es typische Verlage für bestimmte Genres gibt, heißt das nicht automatisch, dass dein Buch abgelehnt wird, wenn es nicht auf den ersten Blick passt. Schau mal in deren Verlagsprogramm nach »Ausreißern«. Sofern dein Buch zumindest im weitesten Sinne passt, könnte auch der Verlag der richtige sein.*

- *Trau dich. Hab keinen falschen Respekt. Die Konkurrenz durch Selfpublisher ist heute sehr groß und Verlage sind immer wieder auf der Suche nach neuen Autoren. Frechheit siegt. Bleib dran.*

Was soll ich losschicken?

Ob per Mail oder als Brief: Neben dem Anschreiben solltest du dem Verlag ein kurzes Exposé und eine Leseprobe schicken. Auf der Homepage der meisten Verlage findest du einen Menüpunkt der »Für Autoren«, »Manuskripteinreichungen« oder ähnlich heißt. Da erfährst du genau, was du deinem Verlag schicken solltest. Manche Verlage wollen 20 Probeseiten, andere mehr oder auch weniger. Das wichtigste ist: Halte dich genau an das, was dort verlangt ist, und wenn du nichts findest, dann schick einfach Brief, Exposé und 20 Seiten.

Aber niemals – nie und nimmer (!) – solltest du dein ganzes Manuskript schicken. Weder als Mailanhang noch als Papierpacken. Unverlangt eingesendete Manuskripte landen zu 99,9 % im Müll. Vergiss nicht, dass Lektorinnen meist unter hohem Zeitdruck stehen und ganz bestimmt nicht die Muße haben, »einfach mal so« in dein Manuskript reinzulesen.

Ein Brief, ein Exposé und ein paar Probeseiten – mehr braucht es wirklich nicht!

Das Anschreiben

Dein Anschreiben kann der Schlüssel zur Veröffentlichung sein. Und das umso eher, je weniger Stress du dir damit machst. Auch hier helfen dir Authentizität, Achtsamkeit und Kreativität.

- *Fasse dich kurz, sei ehrlich und bringe eine Portion Persönlichkeit mit hinein – aber achte darauf, dass es eine kleine Portion ist. Schreibe natürlich und versuche nicht, Eindruck zu schinden. Sag es in deinen Worten und lass ein wenig Gefühl in deinen Brief einfließen, damit es kein allzu nüchterner Geschäftsbrief wird.*

- *Vermeide Eigenwerbung. Verzichte unbedingt auf Sätze wie: »Meinen Freunden gefällt das Buch außerordentlich gut«, »Das Buch wird ein Bestseller«, »Meine Oma war begeistert« oder »Mein Buch ist besser als XYZ«. Spar dir auch Marketingratschläge und meide Belehrungen. All das bekommen Lektorinnen täglich zu lesen, und glaub uns – es geht ihnen mächtig auf die Nerven.*

- *Nenne deinen Arbeitstitel, das Genre und lass möglichst durchblicken, dass du dich bereits mit dem Verlagsprogramm beschäftigt hast.*

Das Exposé

Ein gutes Exposé steht am Anfang jeder Buchveröffentlichung. Durch das Exposé kannst du zwar niemanden dazu zwingen, dein Buch zu veröffentlichen, aber du kannst Appetit wecken und es jeder Lektorin leichter machen, sich mit deiner Idee zu beschäftigen. Ein aussagekräftiges, knackiges Exposé wird dir die Tür in die Lektorate öffnen und dir den Weg zur Buchveröffentlichung ebnen. Darum lohnt es sich, viel Zeit in dein Exposé zu stecken und sowohl am Inhalt als auch an den Formulierungen zu feilen.

Die Arbeit an einem Exposé ist allerdings völlig anders, als die Arbeit an deinem Buch. Jetzt musst du versuchen, komplexe Inhalte auf den Punkt zu bringen. Du musst sehr klar darüber informieren, um was es geht und eher Werbetexter als Autor sein.

Was ist das Besondere an deinem Buch? Worum geht es? Was passiert in der Geschichte? Warum sollte der Verlag ausgerechnet dein Buch veröffentlichen?

Die Kunst besteht darin, dich kurz zu halten und trotzdem alle wichtigen Infos konkret zu nennen. Klingt das kompliziert? Dann versuche es mit dem sogenannten »Pitch«: Der Pitch ist eine kurze Zusammenfassung deines Romans in einem bis höchstens fünf Sätzen. Was würdest du einer Freundin, der du auf der Straße begegnest und die es eilig hat, sagen, worum es in deinem Roman geht? Was würde ihre Neugier wecken?

Im Grunde ist der Pitch eine Kurzform des Klappentextes. Beim Weltbestseller *Lolita* lautet er zum Beispiel: »Ein Vierzigjähriger verfällt dem grazilen Zauber einer kindlichen Nymphe und erfährt die Liebe als absolute Macht über Leben und Tod.« Jonas Jonassons Megaseller enthält den Pitch quasi schon im Titel *Der Hundertjährige, der aus dem Fenster stieg und verschwand* – oder etwas ausführlicher: »An seinem 100. Geburtstag flieht Allan Karlsson aus dem Altersheim – schon bald steht ganz Schweden wegen seiner Flucht auf dem Kopf.«

Ein gutes Exposé anzufertigen, ist auch für dich selbst sehr wichtig, da du daran schnell erkennst, ob deine Geschichte trägt und welche Stärken und Schwächen sie hat. Außerdem kannst du dir schon einmal Gedanken machen, wie der Klappentext zu deinem Buch aussehen könnte.

Ins Exposè gehören auf jeden Fall

- *das Genre beziehungsweise deine Zielgruppe und eventuell auch vergleichbare Autoren oder Bücher;*

- *der Umfang des Buches (gemessen in Manuskriptseiten zu je rund 1 800 Anschlägen – die Leerzeichen werden mitgezählt);*

- *die Info, ob der Text fertig ist oder bis wann er voraussichtlich fertig sein wird;*

- *eine Autorenvita – ein wenig Infos über dich und natürlich auch bisherige Veröffentlichungen oder Aktivitäten in Social Media oder Blogs;*

- *ein oder zwei Sätze zu deiner Motivation können auch nicht schaden: Warum hast du dieses Buch geschrieben? Was begeistert dich daran?*

- *der Pitch (die ganz kurze Zusammenfassung in ein bis zwei Sätzen) und das Material für einen späteren Klappentext (eine nicht ganz so kurze Zusammenfassung in ein bis zwei Absätzen).*

Letztlich ist ein Exposé also nichts anderes als ein Werbetext in eigener Sache. Und daher lautet die wichtigste Regel: Kürze, wo es geht – die Lektorinnen wollen jetzt keinen Roman lesen, sondern kurze Infos zum Buch bekommen.

Oder lieber eine Agentur?

Ob du dich direkt an einen Verlag wendest, oder ob du lieber eine Agentur anschreibst, macht für dich erst einmal keinen Unterschied – die Arbeit ist die gleiche:

Erstens musst du dir Zeit nehmen, um im Internet nach passenden Literaturagenturen zu suchen. Wenn du »Literaturagentur« in deinem Browser eingibst, wirst du viele Seiten mit Adressen und teilweise auch mit Bewertungen finden. Dort kannst du herausfinden, welche Agentur passt und ob die Agentur deiner Wahl seriös ist.

Zweitens musst du das gleiche Material, das du auch an einen Verlag schicken würdest, an die Agentur senden: Anschreiben, Exposé und Probeseiten.

Wenn du dein Manuskript an eine Agentur statt an einen Verlag schickst, hat das den großen Vorteil, dass Verlage Manuskripte, die ihnen von Agenturen vorgestellt werden, viel mehr beachten. Ganz zu Recht vertrauen Verlage darauf, dass Agentinnen ihnen nur hochwertige und niveauvolle Manuskripte anbieten. Wenn du eine Agentur für dein Buch findest, ist das zwar noch keine hundertprozentige Garantie, dass ein Verlag es nehmen wird – aber die Chancen stehen dann sehr gut.

Inzwischen nehmen viele größere Verlage auch hierzulande nur noch Manuskripte von Agenturen an – so wie das in den USA seit jeher gehandhabt wird. Da immer weniger Lektor*innen immer mehr Arbeit erledigen müssen und täglich Fluten an Manuskripten die Verlage überschwemmen, überlassen die es mehr und mehr den

Agenturen, Buchideen abzuchecken und eine Vorauswahl zu treffen.

Falls du dich dafür entscheidest, eine Agentur zu kontaktieren, dann verschicke dein Manuskript nicht gleichzeitig an Verlage. Agenturen mögen das verständlicherweise nicht. Und da sie gute Kontakte zu Verlagen haben, erfahren sie wahrscheinlich irgendwann, dass das Buch, für das sie sich beim Verlag einsetzen, bereits direkt vom Autor angeboten wurde.

Die Zusammenarbeit mit einer Agentur ist nur dann sinnvoll, wenn du deiner Agentin vertraust. Solange du noch auf der Suche bist, kannst und solltest du jedoch auch mehrere Agenturen gleichzeitig anschreiben. Schließlich kannst du nicht jedes Mal wochenlang auf eine Antwort warten, bevor du dein Manuskript an die nächste Agentur schickst. Hast du aber erst einmal deine Agentur gefunden, solltest du die Suche fürs Erste beenden.

Der große Vorteil einer Agentur ist nicht nur, dass dein Buch sehr viel eher veröffentlicht werden wird, sondern dass Agenturen auch optimale Vertragsbedingungen für dich aushandeln – kein Wunder, sie verdienen ja schließlich selbst daran. Im Normalfall führt die Zusammenarbeit mit einer Agentur zu einer Win-win-win-Lösung: die Agentur, du und der Verlag profitieren davon.

Lass dich nicht entmutigen, wenn die Suche nach einer Agentin oder einem Agenten nicht gleich zum Erfolg führt. Auch Agenturen bekommen eine Menge Material zugeschickt, das sie erst einmal sichten müssen. Außerdem passt natürlich nicht jede Agentur zu jedem Projekt. Doch wie beim Verlag gilt: Auch Agenturen sind ständig auf der

Suche nach neuen Autorinnen und Autoren. Gib also nicht zu schnell auf!

Oder doch gleich alles selber machen? Selfpublishing

Bücher nicht nur zu schreiben, sondern sie auch selbst zu veröffentlichen, ist eine interessante Alternative zum »Umweg« über den Verlag – und das sowohl für Newcomer als auch für etablierte Autoren. Vor einigen Jahren war Selfpublishing noch etwas für Leute, die eben das Pech hatten, keinen Verlag für ihr Buch zu finden. Heute erweist sich Selfpublishing oft als Segen für alle, die »das Glück hatten, keinen Verlag zu finden«. Längst ist es keine Notlösung mehr, sein Buch selbst auf den Weg zu bringen, denn Selfpublishing hat viele Vorteile. Sogar erfahrene Autorinnen, die bisher mit Verlagen zusammengearbeitet haben, publizieren daher heute oft zusätzlich oder ausschließlich selbst.

Zum Thema Selfpublishing gibt es viele gute Ratgeber, die meisten davon – wen wundert's – von Selfpublishern. Darin erklären sie dir genau, wie du vorgehen musst, daher werden wir hier nur am Rande auf dieses Thema eingehen. Wir denken, dass es vor allem eine Frage des Typs ist, ob du dein Buch Verlagen anbietest oder die ganze Sache lieber selbst in die Hand nehmen willst.

Die Vorteile am Selfpublishing:

- *Du hast alles selbst in der Hand – von der Covergestaltung bis zum Klappentext, vom Umfang bis zum Lektorat, von der Werbung und Vermarktung bis hin zum Vertrieb.*

Die Nachteile am Selfpublishing:

- *Du musst alles selbst erledigen – von der Covergestaltung bis zum Klappentext, vom Umfang bis zum Lektorat, von der Werbung und Vermarktung bis hin zum Vertrieb.*

Wie du siehst, kann das, was für den einen sehr attraktiv ist, für andere der reinste Horror sein. An einem selbst verlegten Buch verdienst du sehr viel mehr, als an den üblichen Verlagstantiemen. Schon mit 500 selbst verkauften Exemplaren hast du oft mehr verdient, als wenn der Verlag 5 000 Bücher verkauft. Aber: 5 000 Exemplare zu verkaufen, ist für einen Verlag andererseits meist leichter als es für dich ist, 500 Käufer zu finden. Es sei denn, ...

- *dass dein Titel ganz deutlich heraussticht;*

- *dass dein Text zudem fehlerfrei und gut lektoriert ist;*

- *dass das Layout stimmt;*

- *dass dein Cover ansprechend und professionell gemacht ist;*

- *dass du viele Social-Media-Kontakte hast oder dich darum kümmerst, viele Follower zu bekommen;*

- *dass du mit dem Konvertieren und Digitalisieren deines Textes kein Problem hast und dich mit Programmen und Plattformen auskennst, um dein Buch als E-Book und Printausgabe herzustellen und anzubieten.*

Wenn du eher der Unternehmertyp bist, wenn es dir leichtfällt, Kontakte zu knüpfen und dir das nötige Know-how anzueignen, dann ist Selfpublishing für dich vermutlich ein guter Weg. Niemand kann dir dreinreden, du musst nicht erst ein Jahr warten, bis dein Titel endlich erscheint, du kannst den Preis selbst gestalten usw. Falls dir die technische und verlegerische Seite nicht liegt, gibt es allerdings noch die Möglichkeit, mit Dienstleistern zusammenzuarbeiten. Natürlich kostet dich das etwas – aber zumindest kostet es dich nicht deine Nerven. Du kannst Lektoren ebenso buchen wie Freelancer, die sich um ein professionelles Cover kümmern oder dafür sorgen, dass dein Buch auf allen wichtigen Plattformen zu finden ist, und die die Pressearbeit erledigen.

Eines schickt sich nicht für alle – Finde deinen Weg!

Wie du siehst: Möglich ist heute so ziemlich alles. *Wie* du dein Buch veröffentlichst, ist letztlich eine Frage des Geschmacks, deines Geldbeutels und deiner Ausdauer. Das, worauf es am Ende jedoch einzig und allein ankommt, ist, dass du durch das Schreiben deinen Weg findest. Auch wenn die Veröffentlichung natürlich ein wichtiges Thema ist – lass dich nie vom Wesentlichen ablenken. Erfolg kommt ganz von allein, wenn du deinem Weg folgst.
Schreibe.

Vertiefe dich in das Schreiben.

Vergiss die Welt während der Zeit, in der du an deinem Text sitzt.

Verstelle und verbiege dich nicht, sondern finde zu deiner eigenen Stimme.
Horche achtsam in dich hinein und vor allem:

Denk nicht zu viel nach – schreib dein Ding!

Literaturtipps

Dirks, Liane: *Sich ins Leben schreiben* (Kösel, München 2015)

Dörrie, Doris: *Leben, schreiben, atmen: Eine Einladung zum Schreiben* (Diogenes, Zürich 2019)

Frieling, Wilhelm Ruprecht: *Ich habe ein Buch geschrieben – Was nun?* (Kampenwand, Vachendorf 2021)

Gesing, Fritz: *Kreativ schreiben – Handwerk und Technik des Erzählens* (DuMont, Köln 2018)

Hollmann Axel und Johanus, Marcus: *Romane schreiben und veröffentlichen für Dummies* (Wiley VCH, Weinheim 2019)

King, Stephen: *Das Leben und das Schreiben* (Heyne, München 2011)

Matting, Matthias: *Die Selfpublisher-Bibel* (independently published 2019)

Roentgen, Hans Peter: *Drei Seiten für ein Exposé* (Sieben Verlag, Groß Umstadt 2011)

Roentgen, Hans Peter: *Vier Seiten für ein Halleluja* (Sieben Verlag, Groß Umstadt 2009)

Stein, Sol: *Über das Schreiben* (Autorenhaus-Verlag, Berlin 2015)

Ein paar unserer Veröffentlichungen

Die Kunst, einen Elefanten zu reiten (Diederichs, München 2021)
Achtsamkeitsimpulse für dich (mvg, München 2021)
Mit dem Herzen siehst du mehr (Lotos, München 2020)
Die Kosmische To-do-Liste (mvg, München 2020)
Affen im Kopf (mvg, München 2020)
Der Kaufmann und der Rinpoche. Roman
(Diederichs, München 2020)
Wenn du geliebt werden willst, dann liebe
(Integral, München 2019)
Das Licht des Himmels in dir (Kösel, München 2018)
Die Bucht am Rande der Zeit. Roman
(Kailash, München 2017)
Bao und das Geheimnis der Gelassenheit
(Heyne, München 2017)
Füttere den weißen Wolf (Kösel, München 2016)
Praxisbuch NLP (Südwest, München 2014)
Die 7 Geheimnisse der Schildkröte
(Heyne, München 2010)

Möchtest du mehr über uns wissen oder Kontakt zu uns aufnehmen?

Schreibseminar mit den Bestsellerautoren Aljoscha Long und Ronald Schweppe

Du hast **Spaß** am Schreiben?

Du möchtest wissen, wie man ein **Exposé** schreibt, mit **Verlagen** und **Agenturen** umgeht, auf was du bei **Buchverträgen** achten solltest und wie man selbst Bücher veröffentlichen kann?

Du möchtest erfahren, wie du **deine Stärken** einbringst und aus dem Schreiben wertvolle Erfahrungen für deine **Entwicklung** ziehen kannst?

Du willst deine **Kreativität** entfalten?

Du möchtest nicht nur schreiben, sondern auch, dass deine Bücher **veröffentlicht** werden?

Du möchtest **mit erfahrenen Autoren** über deine Vorstellungen und Wünsche, was das Schreiben betrifft, sprechen und realistisch einschätzen, ob du das Schreiben zu deinem (Neben-)**Beruf** machen kannst?

Wir schreiben **seit 30 Jahren hauptberuflich** Bücher. **Ratgeber, Sachbücher** und **Romane**. Wir haben auch als Übersetzer, Herausgeber und Ghostwriter an Büchern mitgewirkt. Unsere Bücher sind in großen deutschen Verlagen erschienen und in 16 Sprachen übersetzt worden. Allein unter unseren Namen (also ohne die Bücher, die wir als Ghostwriter, unter Pseudonym, als Übersetzer oder Herausgeber geschrieben haben) sind mittlerweile über 50 Bücher erschienen, von denen einige zu **Bestsellern** wurden. Für alle, die über dieses Buch hinaus individuelle Hilfe und exklusive Einsichten in die Welt des Schreibens wünschen, bieten wir **Seminare** an.

Näheres dazu auf unserer Website
www.longschweppe.de